Kalle Kniivilä

I0117837

La malamiko de Putin
Aleksej Navalnij kaj liaj apogantoj

Kalle Kniivilä

La malamiko de Putin

Aleksej Navalnij kaj liaj apogantoj

❖

Mondial
Novjorko

Mondial
Novjorko

Kalle Kniivilä
La malamiko de Putin
Aleksej Navalnij kaj liaj apogantoj

Kovrilfoto: Jevgenij Feldman

Tiu ĉi libro aperas samtempe en la sveda kaj en Esperanto.

ISBN 9781595694225

www.esperantoliteraturo.com

Enhavo

La spaco por la civitana socio plu ŝrumpas, interalie pro la leĝoj pri la tiel nomataj eksterlandaj agentoj kaj nedezirataj organizaĵoj. Persekutoj, perforto kaj politike motivitaj juraj paŝoj kontraŭ defendantoj de homaj rajtoj kaj kontraŭ opoziciuloj estas oftaj. Ankaŭ persekutoj kontraŭ advokatoj kaj juristoj kiuj defendas homrajtajn defendantojn kaj opoziciulojn plioftiĝas.

(El raporto de la svedia ministerio de eksterlandaj aferoj pri homaj rajtoj, demokratio kaj principoj de la juroŝtato en Rusio, decembro 2019)

❖

1. Provo de murdo

Tomsk, 2 900 km oriente de Moskvo, la 20-an de aŭgusto 2020

En ĉi tiu tago Aleksej Navalnij mortu. La venen-specialistoj de la rusia sekurservo jam sekrete vizitis ĉambron 239 en la kvarstela hotelo Xander, en la strato Krilov en centra Tomsk, Siberio. Ili aplikis la kemian armilon Noviĉok en loko, kiun nur li tuŝos. La tempodiferenco estas kvar horoj. En la ĉefurbo estas nur la tria kaj duono nokte, kiam Aleksej Navalnij ellitiĝas en sia hotelĉambro en Tomsk. Estos longa tago, sed la plej danĝera malamiko de Vladimir Putin bonhumoras. Li antaŭvidas kelkajn trankvilajn horojn en la aviadilo, kie neniu povos lin ĝeni. En Moskvo lia edzino Julija renkontos lin en la flughaveno. Poste li veturos al sia oficejo kaj gvidos rektan elsendon en sia kanalo en Youbtube, samkiel ĉiam ĵaŭde.

Mankas tempo por matenmanĝo en la hotelo. Navalnij rapide duŝas kaj vestas sin. Hodiaŭ li surmetas bluan boksistan kalsonon, kiu baldaŭ estos mondfama. Sufiĉas t-ĉemizo kun mallongaj manikoj kaj mola flispantalono, ja estas aŭgusto kaj la vetero varmas ankaŭ en Siberio.

Tuj post la sesa horo li renkontas siajn akompanantojn en la akceptejo de la hotelo. Ili estas la gazetara sekretario Kira Jarmiŝ kaj la asistanto Ilja Paĥomov. Paĥomov ĵus mendis taksion per unu el la telefonaj aplikaĵoj kiujn li kutimas uzi. La sekurservo FSB intense observas Navalnij, ankaŭ dum ĉi tiu vizito en Tomsk, sed se oni mendas la taksion lastmomente, almenaŭ malpli facilas por la sekurservo influi, kiu ŝoforo ricevos la taskon.

— 7 —

Navalnij sidiĝas antaŭe, apud la ŝoforo, la akompanantoj mal-antaŭe. La flughaveno situas dudek kilometrojn sudoriente de la urbo, kiu en Rusio ne povas esti konsiderata aparte granda. Tomsk havas iom pli ol duonmilionon da loĝantoj. Ĉi tie troviĝas unu el la 39 lokaj stabejoj de Navalnij. Li vizitis por helpi fari kampanjan filmon por la baldaŭaj lokaj elektoj. La filmo malkaŝos, kiel lokaj reprezentantoj de la Putin-partio Unueca Rusio uzas siajn postenojn por alproprigi monon. Daŭras duonan horon veturi al la flughaveno. La registriĝo por la ekflugo estas jam farita rete, kaj la spertaj vojaĝantoj havas nur manbagaĝon. Ili povas tuj stariĝi en la vico al la sekurkontrolo, sed la vico estas longa. Iu rekonas Navalnij kaj volas fari komunan foton kun li. Tiel kutimas okazi, kiam li veturas – ĉiam iu volas kunfotiĝi. Lin rekonas ĉefe la pli juna generacio, tiuj, kiuj ricevas siajn novaĵojn per la reto. En la ŝtata televido oni neniam povas vidi la plej danĝeran malamikon de Putin – krom kiam oni akuzas lin pri krimoj kaj metas lin antaŭ kortumo.

Tiuj, kiuj aliras lin, plej ofte faras tion por esprimi sian subtenon, sed okazis ke li estis atakita. Dufoje oni ĵetis verdan desinfektan likvaĵon en lian vizaĝon. La unuan fojon li povis ŝerci pri la afero, sed la duan fojon, la 27-an de aprilo 2017, la koroda likvaĵo difektis lian dekstran okulon kaj li bezonis operacion por savi la vidkapablon de tiu okulo. La atakantoj apartenis al la naciisma movado SERB, proksima al Kremlo.

Sed ĉi-foje ĉio pasas bone. La triopo sidiĝas en la eta kafejo tuj post la sekurkontrolo. Taso da teo sufiĉas por anstataŭi maten-manĝon. Iu levas sian poŝtelefonon kaj fotas la famulojn. Aleksej Navalnij ankoraŭ trovas tempon aĉeti siberiajn dolĉaĵojn en kiosko. En la vico al la elirejo Ilja Agejev el Kazan rekonas lin kaj deman-das, ĉu ankaŭ li rajtas kunfotiĝi.

– Kompreneble, diras Navalnij, kaj ridetas en la direkto de la poŝtelefono.

Agejev afiŝas la foton en la reto. En la buso al la aviadilo an-koraŭ pliaj homoj volas kunfotiĝi.

Laŭ la horaro flugo 2614 el Tomsk al Moskvo eku je 07.55 laŭ la loka horo. La kutima veturtempo estas kvar horoj kaj dudek minutoj. La triopo rezervis la lokojn D, E kaj F en vico 10. Ili sidas en la sama ordo kiel ĉiam: Aleksej Navalnij ĉe la fenestro, la gazetara sekretario Kira Jarmiŝ meze kaj Ilja Paĥomov ĉe la koridoro.

Jarmiŝ malfermas libron, Paĥomov prenas siajn kapaŭskultilojn kaj Navalnij sian tekokomputilon.

Unue li plendetas, ĉar li maltrafis elŝuti novan filmon por spekti dum la flugo, sed poste li trovas sian ŝatatan usonan desegnitan serion *Rick and Morty*. Li ĝojiĝas, kiam la stevardino ne devigas lin fermi la komputilon por la ekflugo. Ŝi nur severe rigardas en lia direkto. La aviadilo ekflugas je 08.01 laŭ la loka horo, dum Aleksej Navalnij spektas sian filmon. La ĉefpersono Rick Sanchez estas ekstreme inteligenta sed tute tro drinkema sciencisto, kiu kutimas aventuri en la spaco kun la 14-jara Morty. Navalnij ŝatas la filozofiajn sentencojn de Rick, ekzemple la jenan: "La vivo estas risko. Se vi ne riskas, vi estas nur aro da molekuloj kaose kunmetitaj, drivantaj en la fluo de la universo."

Sed kiam li spektis dudek minutojn, Aleksej Navalnij subite eksentas, ke la filmo ne estas same amuza kiel kutime. Ĝi efektive tute ne ŝajnas amuza plu. Li povas pensi nur pri tio, ke li estas komplete kovrita de malvarma ŝvito. Io misas. Sed ne klaras kio. Ne la stomako, ne la koro, sed io evidente misas.

Ĉio iĝas nebula. Aleksej Navalnij flankenmetas la komputilon, turnas sin al Kira Jarmiŝ kaj diras ke li ne bone fartas. Li bezonas koncentriĝi je io. Ĉu ŝi ne povus paroli kun li?

Ŝi komencas rakonti pri la libro kiun ŝi legas, kaj Aleksej Navalnij ŝajnas aŭskulti. Li kapjesas en la ĝustaj momentoj kaj faras demandojn. Sed mem li pensas ke ĉio iĝas nur pli nebula. Ŝia buŝo moviĝas, sed li ne plu vere komprenas, pri kio ŝi parolas.

Ilja Paĥomov, kiu sidas ĉe la koridoro, surhavas la kapaŭskultilojn kaj dormetas de kiam la aviadilo ekflugis. Li vigliĝas kiam stevardo aliras kun la trinkaĵa ĉaro. Aleksej Navalnij unue pensas preni ion por trinki, eble tio helpos. Sed li tuj ŝanĝas opinion kaj petas ke Ilja kaj Kira lasu lin eliri. Li devas viziti la necesejon kaj lavi la vizaĝon per malvarma akvo por vidi, ĉu post tio li pli bone fartos.

– Certe, diras Ilja, kaj leviĝas.

La necesejo troviĝas plej malantaŭe en la aviadilo. Aleksej Navalnij iras tien senŝue. Li fermas la pordon kaj lavas la vizaĝon. Ne helpas. Li lavas la vizaĝon refoje kaj sidiĝas sur la kovrilo de la necesseĝo por iom ripozi.

La vico ekster la necesejo komencas kreski. Fine Navalnij komprenas, ke li devas eliri dum li kapablas tion. Ŝajnas kvazaŭ iu estus elsuĉanta ĉian vivon el li, precize kiel la dementoroj en Harry Potter. Li sentas nenian doloron, simple la vivo estas malaperanta.

Li sukcesas malfermi la necesejan pordon, vidas ke en la koridoro staras vicego da malkontentuloj kaj ekpensas ke li verŝajne pasigis almenaŭ dek minutojn en la necesejo. Li bezonas helpon – li ne kapablos mem reiri al sia sidloko. Subite li aŭdas sin mem diri ion neatenditan:

– Mi estis venenita, mi mortas.

Li ankoraŭ havas tempon rimarki, ke la stevardo kiun li alparolis rigardas al li kun ironia rideto: ĉu la ulo estas freneza? Poste li falas surplanken en la kuireja spaceto malantaŭ la necesejoj, sentas ke li efektive estas mortanta, kaj aŭdas iun demandi: "Ĉu estas io pri via koro?"

Tuj alvenas pliaj homoj kiuj volas helpi.

– Sinjoro, ne svenu!

Tio estas la lasta afero kiun aŭdas Aleksej Navalnij. Poste iĝas komplete silente. Ĉio malaperas. Ne doloras, ĉio nur malaperas.

Spite la konstitucion, efektive ekzistas nenia reala disdivido de la poten-coj, kaj ne eblas paroli pri veraj demokratiaj institucioj en Rusio. La politika regado estas koncentrita ĉe la federacia plenuma potenco, ĉefe la prezidento kaj ties administracio. La leĝodona kaj juĝa potencoj malhavas sendependon kaj estas direktataj de la plenuma potenco.

(El raporto de la svedia ministerio de eksterlandaj aferoj pri ho-maj rajtoj, demokratio kaj principoj de la juroŝtato en Rusio, decembro 2019)

❖

2. Izola ŝaŭmo kontraŭ la opozicio

Tomsk, 2 900 km oriente de Moskvo, la 17-an de marto 2017

Dum Aleksej Navalnij kuŝas senkonscia sur la planko de la aviadilo ni saltas iom pli ol tri jarojn malantaŭen en la tempo. Tiam Navalnij ĵus anoncis, ke li kandidatos en la prezidenta elekto, okazonta en marto 2018. Entute 81 kampanjaj stabejoj estos malfermitaj dise en la lando. La 17-an de marto 2017 estas la vico de Tomsk.

La stabo situos en la kvina etaĝo de moderna brika konstruaĵo ĉe la avenuo Frunze, unu kilometron oriente de la universitato. La kontraŭan flankon de la larĝa avenuo laŭas kelkaj malaltaj lignaj domoj. La strato ricevis sian nomon laŭ la revoluciulo Miĥail Frunze, kiu dum la rusia interna milito estris la sudan fronton de la Ruĝa armeo.

En la aŭtuno de 1920 Frunze venkis la trupojn de la blanka generalo Pjotr Vrangel kaj konkeris la Krimean duoninsulon. Frunze promesis al la blankaj oficiroj kaj soldatoj amnestion kaj pardonon se ili registros sin ĉe la revoluciaj aŭtoritatoj. Li perfidis sian promeson – ĉiuj estis ekzekutitaj. Dum la ruĝa teroro post la venko de Frunze laŭtakse minimume 50 000 homoj en Krimeo estis dronigitaj en la Nigra maro aŭ metitaj antaŭ ekzekut-brigado. En Ukrainio tiaj stratnomoj estis ŝanĝitaj, en Rusio Frunze restas heroo.

En la pli granda najbara urbo Novosibirsk Aleksej Navalnij malfermis sian kampanjan stabejon jam antaŭ kelkaj semajnoj. Nun la ĉirkaŭveturanta prezident-kandidato aŭtas el Novosibirsk al Tomsk. La 26-jara Ksenija Fadejeva ĵus iĝis vicestro de la nova

— 13 —

stabejo kaj devos akcepti lin. Poste ŝi avancos kaj iĝos la ĉefo de la stabo. Nun ŝi ankoraŭ loĝas ĉe siaj gepatroj, en ilia apartamento, kaj kiam ŝi vekiĝas matene, ŝia patro diras, ke okazis io stranga pri la ekstera pordo de la apartamento.

– Li diris, ke la pordo fiksiĝis, eble temis pri iu eraro en la seruro. Mi havis amikojn kiuj loĝis en la apuda domo, kaj mi ĵetis al ili la ŝlosilon de la balkono. Kiam ili venis supren, ili diris, ke la pordo estis tute fiksita per amaso da konstrua izolŝaŭmo, rakontas Ksenija Fadejeva.

Kiam ŝi fine sukcesas eliri, ŝi vidas ke iu verŝis farbon sur ŝian aŭton kaj faris truojn en ĉiuj pneŭoj. Krome la ellastubo estas plenigita per izolŝaŭmo. Ankaŭ ŝia kolego Aljona Ĥlestunova estas trafita: ŝia pordo estas same ŝaŭmumita kaj la aŭto de ŝia kunloĝanto estas sabotita. Sed la vandalismo ne haltigas la kunlaborantojn de Navalnij. La stabejo estas inaŭgurata laŭplane kaj Aleksej Navalnij povas renkonti siajn volontulajn kampanjajn laborantojn. Tamen la renkontiĝon interrompas la polico, kiu sturmas la ejon kaj anoncas ke la ĉambrego devas esti evakuita, ĉar estis anoncita bomba minaco. Navalnij daŭrigas la renkontiĝon surstrate.

Tiam Navalnij la unuan kaj lastan fojon vizitis Tomsk antaŭ la sortoplena vojaĝo en aŭgusto 2020. Dum sia elekta turneo antaŭ la prezidenta baloto de 2018 li ne povas veni – la lokaj potenculoj rifuzas permeson por ajna elekta mitingo.

– Tio estas komplete kontraŭleĝa, sed supozeble oni ordonis al ili haltigi lian sinprezenton en Tomsk, kaj ni povis fari nenion. Eĉ la plej aĉajn imageblajn lokojn subĉiele oni rifuzis konfirmi. Se ni volus havi mitingon endome, ni devus lupreni grandan halon, kaj evidente neniu privata domposedanto kuraĝus ludoni por tia celo, diras Ksenija Fadejeva.

La nuligo de la planita mitingo ne estis granda surprizo. Dum la elekta kampanjo Navalnij faris sume 2 060 permespetojn por elektaj mitingoj. Nur kvar el tiuj estis akceptitaj senŝanĝe. 1 325 estis plene rifuzitaj.

La jura persekutado de Navalnij kaj liaj subtenantoj estas aparta rakonto. Sole dum la prezidenta kampanjo li kaj liaj kampanjaj kunlaborantoj estis kondamnitaj al sume 3 080 tagnoktoj en arestejo kaj punpagoj de 25 milionoj da rubloj. La rekordon havis lia kampanja ĉefo Leonid Volkov, kiu pasigis 95 tagnoktojn en arestejo. En septembro 2017 la ĉefo de la kampanja stabejo en Moskvo, Nikolaj Ljaskin, estis batita per metala stango surstrate, ekster la oficejo. Li ekhavis cerban komocion, sed kiam la atakinto poste estis kaptita de la polico, li asertis ke la tuta afero estis farita por publikeco kaj ke Ljaskin promesis pagi por la atako.

Fine Aleksej Navalnij tamen ne rajtis kandidati en la prezidenta elekto de 2018 – Vladimir Putin ne volas havi konkurantojn kiuj povus aspekti kiel vera alternativo al li. La prezidenta elekto temas pri legitimigo de la plua regado de Putin, nenio alia. La elekta kampanjo tamen ebligis al Navalnij konstrui tutlandan organizaĵon. Dum la kampanjo li veturis entute 75 000 kilometrojn kaj spite ĉiujn malhelpojn li sukcesis havi elektajn renkontiĝojn en 27 urboj. Kun helpo de donacoj de subtenantoj multaj el la stabejoj poste povis plu labori. Ĉiuj provoj de Navalnij fondi propran partion estis baritaj per burokrataj fintoj kaj sabotado, sed en la praktiko la 37 stabejoj en 12 horzonoj, de Kaliningrado en la okcidento ĝis Vladivostoko en la oriento, en la printempo de 2021 efektive funkcias kiel tutlanda opozicia organizaĵo. Tio apenaŭ entuziasmigas la potenculojn. La stabejoj estas daŭre observataj, kaj preskaŭ ĉiuj stabestroj dum la jaroj pasigis tempon en arestejo. Ili ja kulpas pri danĝera, subfosa agado.

La stabejoj laboras pri siaj propraj, lokaj kontraŭkoruptaj projektoj kaj esploroj, sed funkcias ankaŭ kiel vera elekta organizaĵo. La kampanjo de Navalnij havas la nomon "inteligenta voĉdonado", kaj en ĉiu elekta distrikto ĝi direktas la subtenon de la opozicio al tiu partio kaj tiu kandidato, kiuj havas la plej grandan ŝanĝon venki kontraŭ la partio de Putin, Unueca Rusio.

Kaj en Tomsk la stabejo nun estas gvidata de la 29-jara Ksenija Fadejeva.

– Mi interesiĝas pri politiko ekde adoleska aĝo. Tiam interreto komencis serioze evolui en Rusio. Mi alklakis ĉiujn eblajn filmetojn en Youtube, kaj iun fojon mi trafis la radi-stacion *Eĥo Moskvi*. Mi ege ekmiris, kiam mi aŭdis, kiel ili kritikas Putin en radio. Tiam mi estis eble deksesjara. Kiam mi iĝis iom pli aĝa, mi komprenis, ke mi ne volos ekloĝi eksterlande, mi ŝatas ĉi tiun landon – sed mi tute ne ŝatas la potenculojn, ili efektive alproprigis mian landon. Unuavice la diferenco inter la realo kiun ŝi mem spertis kaj tio, kion oni montras en la televido, igis Ksenija Fadejeva kompreni, ke io ne enordas pri Rusio.

– Mi ja sciis kiel vivas miaj konatoj, kiel vivas maljunuloj. Kaj kiam mi komencis enprofundiĝi en diversaj esploroj pri koruptado, mi komprenis ke io misas. Se oni veturas tridek kilometrojn de Tomsk oni ekvidas malriĉegajn, disfalantajn vilaĝojn. Samtempe aliaj homoj havigas al si palacegojn kaj luksboategojn.

Ankaŭ ŝi mem en 2018 estis kaptita de la polico kaj kondamnita al aresto dufoje. Unuafoje lige kun tutlanda manifestacio dum la inaŭgura ceremonio de Putin la 7-an de majo. Tiam sume 1 600 manifestaciantoj en 27 urboj dise en Rusio estis arestitaj.

– Ni ne ricevis permeson, sed ni tamen manifestaciis. Tiam oni unue kondamnis min je punpago de 250 000 rubloj (2 900 eŭroj) pro nepermesita manifestacio. Oni krome denuncis min pro rezistado al la polico, oni asertis ke mi forbatis la legitimilon de policano kiu tenis ĝin en la mano. Kompleta elpensaĵo.

Pro tio ŝi ricevis dek tagojn en arestejo. En la aŭtuno de la sama jaro ŝi estis kondamnita je pliaj 15 tagoj en arestejo, post manifestacio kontraŭ la nepopulara pensia reformo, kun altigita pensia aĝo, anoncita baldaŭ post la prezidenta elekto. Sed ne estis tro aĉe en la arestejo, diras Ksenija Fadejeva.

– Ne same kiel nun en Moskvo, kie oni arestis tiom da homoj ke ili devas sidi unu sur la alia. Ni havis spacon, kaj ne estis blatoj. Sed agrable evidente ne estis, la necesejo ne havas ŝirmon, la radio ludas stultan muzikon ekde la sesa matene ĝis la deka vespere, ĉiuj fumas, la litoj malkomfortas kaj principe oni rajtas duŝi sin nur unu fojon semajne. Sed mi sukcesis interkonsenti kun la gardistoj, ili lasis min duŝi min ĉiun duan tagon. Estas tede tie, sed aliflanke oni havas tempon legi amason da libroj. Tiu supozeble estas la sola pozitiva flanko.

* * *

Aleksej Navalnij iĝis tutlande fama pro siaj kampanoj kontraŭ korupto, kaj en la printempo de 2021 la kontraŭkorupta fondaĵo FBK plu restas lia plej grava organizaĵo. Ĝuste tial la aŭtoritatoj faras ĉion por fermi ĝin. FBK laboras pri tutlandaj projektoj kaj esploroj, dum la lokaj stabejoj okupiĝas pri projektoj lokaj. Pri tiuj ili grandparte povas decidi mem, interkonsente kun la centra stabejo en Moskvo.

Navalnij komencis sian politikan karieron en la maldekstre liberala partio Jabloko, sed estis eksigita el la partio en 2007 pro "naciismo". Ankaŭ en postaj jaroj oni lin akuzis pri troa naciismo – al tio ni revenos – sed klaras ke lia retoriko dum la lastaj dek jaroj iĝis multe pli nuancita. Kiel la plej gravajn punktojn en sia programo por la prezidenta balotado en 2018 Navalnij menciis liberajn kaj justajn elektojn, sendependajn kortumojn kaj liberajn amaskomunikilojn. Krome li ne volas, ke ajna prezidanto povu ofici dum pli ol du periodoj de po kvar jaroj, sendepende de tio, ĉu la prezidanto nomiĝas Putin aŭ Navalnij.

La nuntempan politikan programon de Navalnij multaj rusiaj spertuloj taksas maldekstre liberala aŭ maldekstre popolisma. En la rusia politika pejzaĝo iuj el liaj opinioj estas tre radikalaj. Li ekzemple akcentas la gravecon de seksa kaj genra egaleco, kie li vidas gravajn mankojn en Rusio. Li pozitive parolas pri radikalaj feministoj, kiuj laŭ li pionire montras la direkton al la estonteco. La leĝon kiu malpermesas "gejan propagandon" li volas forigi. La tuta ideo de "geja propagando" laŭ li estas elpensaĵo, kiun la potenculoj uzas por povi fingromontri al imagataj malamikoj, anstataŭ okupiĝi pri veraj problemoj. Li ne kontraŭas samseksajn nuptojn, sed decidojn pri tiaj aferoj oni laŭ li faru sur regiona nivelo – Rusio estu federacio vere kaj ne nur laŭnome.

Kio restas el liaj pli fruaj naciismaj eldiraĵoj estas la propono enkonduki vizojn por civitanoj de tiuj eksaj sovetaj respublikoj, kiuj estas la ĉefa fonto de la labormigrado al Rusio (ĉefe Taĝikio kaj Kirgizio). Samtempe estu pli simpe por civitanoj de ekonomie evoluintaj landoj veturi al Rusio kaj labori tie. Rusio ĉesu subteni diktaturojn kaj anstataŭe evoluigu strategian partnerecon kun Eŭropa Unio kaj ektraktu pri senviza vojaĝado inter landoj de EU kaj Rusio.

Kiam temas pri la rusia alproprigo de la Krimea duoninsulo en 2014, Aleksej Navalnij klare diras, ke la anekso estis krimo kontraŭ internacia juro kaj ke la tiel nomata plebiscito ne povas esti serioze konsiderata. Samtempe li diras, ke la anekso nun estas okazinta fakto, kiun oni ne povas simple nuligi. Iam estonte oni laŭ li tial aranĝu veran plebisciton, en kiu la krimeanoj mem rajtu decidi, ĉu la duoninsulo apartenu al Rusio aŭ Ukrainio. Tio evidente estas sinteno malkongrua kun internacia juro, laŭ kiu Krimeo restas parto de Ukrainio kaj ĝia estonteco estu difinita laŭ la leĝoj de Ukrainio. Navalnij tial timas, ke la konflikto ĉirkaŭ Krimeo iĝos same longdaŭra kaj malfacile solvebla kiel la konflikto en Meza Oriento. Kun sia sinteno al la krimea demando li ne trovos subtenon en Ukrainio, sed ja ne tie estas liaj voĉdonantoj. En Rusio la anekso daŭre restas populara, kaj promeso pri redono de Krimeo estus politika sinmortigo. Krome ĝi estus krimo: "ripetaj alvokoj al malrespekto de la teritoria integreco de Rusa Federacio" estas puneblaj per kvarjara malliberigo.

Diference de Vladimir Putin, kiu ŝajnas konvinkita, ke interreto estas nura rubejo plena je infana pornografio kaj mensogoj, Aleksej Navalnij estas tiu rusia politikisto, kiu plej bone kapablas uzi la reton por disvastigi sian mesaĝon, trovi subtenantojn kaj financan subtenon por siaj projektoj. Lia neformala, ŝerca kaj ironia maniero priskribi la rusiajn realaĵojn bone atingas precipe la pli junan generacion. Navalnij estas lerta debatanto, dum Putin en la daŭro de siaj 20 jaroj ĉe la potenco neniam partoprenis ajnan elektan debaton. La solvo de Putin estas anstataŭe silentigi ĉiujn aliajn per pli strikta cenzuro de la reto kaj pli severaj punoj por tiuj, kiuj priparolas la regantojn malrespekte.

* * *

La aŭtoritatoj ekde la komenco entreprenis plej diversajn paŝojn por kontraŭlabori la agadon de Navalnij, parte ĉar ĉiaj spontaneaj radiknivelaj iniciatoj estas konceptataj kiel minaco kontraŭ la potenc-monopolo, parte ĉar la tuta sistemo estas konstruita sur fundamento de koruptado, kiun la kontraŭkorupta fondaĵo de Navalnij, FBK, strebas malkaŝi. Krom rektaj atakoj per izola ŝaumo en la pordofendo aŭ per koroda likvaĵo al la vizaĝo, la potenculoj uzis ankaŭ multe pli komplikajn kaj fantaziajn metodojn por stumbligi la movadon.

Tuj post kiam estis lanĉita la unua amasfinancita projekto de Navalnij, privatuloj kiuj donacis monon ekricevis strangajn telefonvokojn de mirinde bone informitaj ŝajnĵurnalistoj. La "ĵurnalistoj" demandadis, kial la donacintoj ĝiris monon al la projekto. Kiam Navalnij sin turnis al la rusia reta giganto Yandex, perinta la transpagojn, li eksciis, ke la sekurservoj postulis informojn pri lia konto.

FBK akceptas donacojn nur de rusiaj civitanoj, eĉ se iuj gravaj donacantoj loĝas ekster Rusio. Unu el ili estas Boris Zimin, filo de la fondinto de Beeline, unu el la plej grandaj poŝtelefonaj kompanioj en Rusio. La agadon de la fondaĵo publike subtenas ankaŭ la konataj aŭtoroj Boris Akunin kaj Dmitrij Bikov. Sed la fondaĵo kiel dirite ne akceptas monon de eksterlandaj donacantoj.

Kaj tamen obskura hispana taj-boksisto kaj pordogardisto en mistera maniero sukcesis pagi 138 000 rublojn al la konto de FBK en la aŭtuno de 2019. Kiam la novaĵ-retejo *Meduza* fine trovis lin, montriĝis, ke li scias nenion pri Rusio kaj neniam vizitis la landon. Li havis nenian kompreneblan respondon al la demandoj pri tio, kial li sendis la monon aŭ kiel povas esti ke la rusia televidkanalo *REN-TV*, lojala al la potenculoj, povis ricevi lian kvitancon pri la transpago. La konto de FBK jam pli frue estis blokita de la aŭtoritatoj, kaj la respondeculoj ĉe FBK tial eĉ ne sciis pri la alveno de la mono – antaŭ ol ili vidis la kvitancon en la "ĵurnalisma esploro" de *REN-TV*. Ĉar la konto estis blokita, eĉ tiam FBK ne povis resendi la monon.

Kaj jen la rusia ministerio de justico povis stampi FBK "eksterlanda agento". La fondaĵo ja pruveble ricevis eksterlandan financadon por politikaj celoj. Tiu stampo celas igi suspektindaj organizaĵojn, kies agadon la potenculoj malŝatas, sed ĝi krome kreas amason da praktikaj problemoj al la tiel signita organizaĵo. Inter la tiel nomataj "eksterlandaj agentoj" estas ekzemple la organizaĵo "Ne al perforto", kiu laboras kontraŭ familia perforto, kaj la Komitato kontraŭ torturo, kiu jure batalas por denunci kaj forigi torturon en rusiaj arestejoj kaj malliberejoj. Eĉ la rapide kreskanta kuracista sindikato Kuracista Alianco estis deklarita "eksterlanda agento", parte ĉar la prezidanto de la sindikato estas Anastasija Vasiljeva, inter kies pacientoj estas Aleksej Navalnij.

Sed kial do la kontoj de FBK estis blokitaj, tiel ke la nedezirita mono el eksterlando ne povis esti resendita? La kialo estas, ke la kontraŭkorupta fondaĵo estas suspektata ankaŭ pri monlavado. Laŭ la strange malprecizaj akuzoj FBK dum jaroj asertite ricevis proksimume unu miliardon da rubloj el "krimaj fontoj". Sur kio baziĝas la akuzoj ne klaras, sed la krimesplorado estas praktika maniero organizi traserĉojn kaj konfiski komputilojn, kameraojn kaj aliajn laborilojn. Lige kun ĝuste ĉi tiu akuzo oni entreprenis traserĉojn en ĉiuj stabejoj, ankaŭ en Tomsk, kaj ne nur en la oficejo, sed ankaŭ en la apartamento de Ksenija Fadejeva kaj en la hejmo de ŝiaj gepatroj.

– Formale ni laborantoj de la stabejoj estis indikitaj ne kiel suspektatoj sed kiel atestantoj. Tamen tio ne malhelpis al ili entrepreni traserĉon samtempe ĉe ĉiuj. Ĉe iuj ili alvenis je la sesa horo matene, ĉe aliaj je la deka, dependis de la horzono.

Dum la ripetaj traserĉoj en la oficejo de FBK en Moskvo oni regule konfiskadis ĉiujn komputilojn kaj aliajn gravajn aparatojn. Principe ĉio konfiskita devas esti redonita kiam la krimesplorado estas finita, sed ĉar la esplorado povas daŭri kiom ajn longe, efektive oni neniam ion ajn redonas. En Tomsk Ksenija Fadejeva tamen bonŝancis, ĉar la kunordigado de la aŭtoritatoj havis mankojn.

– Ni kaj la plej multaj aliaj regionoj estis traserĉitaj la 13-an de septembro. Sed en iuj regionoj ili faris la traserĉon jam la 10-an de septembro. Tiam mi komprenis, ke ili povos veni ankaŭ al ni, kaj mi kaŝis nian tutan aparataron. Kiam ili venis post kelkaj tagoj, ĉe mi estis preskaŭ nenio por konfiski.

Aliflanke la aŭtoritatoj ja sukcesis konfiski la tutan monon en la bankaj kontoj de Ksenija Fadejeva kaj ŝiaj kunlaborantoj, samkiel okazis pri ĉiuj ŝiaj kolegoj ĉie en Rusio. Ŝi nun havas minus 75 milionojn da rubloj en sia konto, precize kiel la plej multaj aliaj dungitoj en la organizaĵo de Navalnij.

– Estas tute ridinde. Ni ne povas uzi niajn salajrokontojn. Mi ne havis aparte multe da mono en tiu konto, sed kelkaj perdis sian tutan salajron. Ni povas uzi aliajn kontojn, sed ni klopodas ankaŭ tie teni ne multe da mono, ĉar ankaŭ tiu mono povus iam ajn esti konfiskita.

La tuta familio de Aleksej Navalnij estis same trafita, ĉies kontoj estis blokitaj laŭ kortuma decido, eĉ tiu de la 12-jara filo Zaĥar, kiu ŝparis monon por nova komputilo. Inter la trafitoj estis ankaŭ la gepatroj de Aleksej Navalnij, Ivan Ĵdanov – la ĉefo de FBK – la tuta familio de Ĵdanov – kaj tute ne konata samnomulo de Ivan Ĵdanov, sen ajna rilato al Aleksej Navalnij.

Navalnij, lia kunlaboranto Ljubov Sobol kaj la tuta FBK krome estas enplektitaj en jura proceso pri 80 milionoj da rubloj, kiujn postulas Jevgenij Prigoĵin – amiko de Vladimir Putin, iam nomata lia kuiristo. Prigoĵin asertas, ke la esploro de FBK pri tio, kiel lia entrepreno profitegas vendante mangaĵojn al la lernejoj de Moskvo, estas misfamiga. Por eviti bankroton de la tuta agado, Navalnij en julio 2020 anoncis, ke li likvidos la fondaĵon kaj movos la agadon al nova jura persono. En sia blogo li klarigis, kial la kontraŭkorupta fondaĵo ajnakaze vivos:

Kial ni obeas neniun, kial neniu povas ordoni al ni aŭ influi nin? Ĉar ni estas ekonomie sendependaj. Ni bezonas neniajn oligarkojn, ni ne bezonas la ŝtaton nek la eksterlandon. Pasintjare 21 677 homoj donacis al ni monon. Kaj nia plej granda trezoro estas la 7 607 homoj, kiuj donacas ĉiumonate, kiuj registriĝis en nia retejo kaj aŭtomate pagas al ni cent, kvincent aŭ mil rublojn monate. Ĉar tiam ni scias: kio ajn okazos, ni tamen havos proksimume 6 milionojn da rubloj ĉiumonate, kaj tio sufiĉas por pagi la luon, la retligon kaj almenaŭ parton de la salajroj.

Sed krom la ekonomiaj zorgoj Aleksej Navalnij ĝis aŭgusto 2020 pasigis jam 232 tagnoktojn en arestejo kaj 242 en hejma aresto. Lia frato Oleg sidis 3,5 jarojn en mallibereo, formale pro ekonomia krimo sed efektive nur ĉar la aŭtoritatoj volis premi Aleksej. La persekutoj ne haltigis Aleksej Navalnij. Io plia devis esti farita por malhelpi, ke lia "inteligenta voĉdonado" ĝenu la parlamentajn balotojn en la aŭtuno de 2021. La ampleksa protesta ondo, aperinta en Belorusio lige kun la prezidenta elekto tie la 9-an de aŭgusto 2020, montris, kio povas okazi se oni ne ĝustatempe entreprenas la bezonatajn paŝojn. Kaj jen ni revenis al la komenca punkto: dek tagojn post la elektoj en Belorusio la venenistoj de la rusia sekurservo eniris la hotelĉambron de Aleksej Navalnij en Tomsk por forigi la ĝenulon.

La leĝaro kontraŭ terorismo kaj ekstremismo estas vaste uzata por limigi la liberecon de la esprimado. *Pluraj homrajtaj organizaĵoj opinias, ke ambaŭ konceptoj estas interpretataj en maniero kiu permesas arbitran kaj politike motivitan aplikadon.* Eldiraĵoj, kies disvastigon en la reto oni povas opinii instiganta al ekstremismo aŭ malamo, estas en certaj kazoj puneblaj per ĝis kvin jaroj en malliberejo. En 2014 oni severigis ĝis kvinjara malliberigo la punon por tiel nomata kuraĝigo al separismo kaj subfosado de la teritoria integreco de Rusia federacio.

(El raporto de la svedia ministerio de eksterlandaj aferoj pri homaj rajtoj, demokratio kaj principoj de la juroŝtato en Rusio, decembro 2019)

3. Suŝia lunĉo en konspira apartamento

Tomsk, 2 900 km oriente de Moskvo, la 19-an de aŭgusto 2020

La tagon antaŭ sia venenado Aleksej Navalnij pasigis en Tomsk por registri elektan filmon por la lokaj balotoj, okazontaj la 13-an de septembro 2020. Li kaj liaj kunlaborantoj el Moskvo alvenis vespere de la 17-a de aŭgusto, kaj la sekvaj du tagoj havis plenan programon.

Ksenija Fadejeva estis la ĉefa kandidato de la kampanja stabo, kaj ŝi pasigis plej multe da tempo kun Aleksej Navalnij en Tomsk. Kune kun Navalnij kaj lia filmteamo ŝi ĉirkaŭveturadis por registri scenojn, en la centraj partoj de la urbo kaj ekster ĝi. La teamo krome luis apartamenton por filmi kelkajn endomajn scenojn. La filmo celis montri, kiel reprezentantoj de la reganta partio, Unueca Rusio, privatigis kaj alproprigis la iamajn municipajn entreprenojn kiuj prizorgas la elektron, akvon kaj kloakaron de la urbo.

La sekurservo kutimas bone observi Aleksej Navalnij, sed Ksenija Fadejeva rimarkis neniun kaŝan sekvanton dum ili okupiĝis pri la filmo.

– Kiam oni gvatas nin, ekzemple antaŭ diversaj manifestacioj, tio kutime estas facile rimarkebla. La sama aŭto pendas post vi la tutan tagon. Povas esti komplete ridinde. Kolego rakontis, kiel tiu aŭto turniĝis post li, kiam li turniĝis. Kiam li haltis, ankaŭ ĝi haltis. En ĝi sidis du konfuzitaj uloj, kiuj klopodis vidi, kien li survojas. Sed ĉi-foje ni nenion rimarkis. Ni pensis, ke ili eble spuras niajn telefonojn, ankaŭ tio ja eblas nuntempe. Aŭ la respondeculoj de la venenado volis ke ni nenion suspektu. Ajnakaze ni nenion rimarkis.

Tamen eblas ekscii, ke la sekurservoj bone observis Aleksej Navalnij kaj liajn kunlaborantojn dum ilia tuta restado en Tomsk, se oni legas la Moskvan gazeton *Moskovskij komsomolec*. Jam la 21-an de aŭgusto la gazeto publikigis detalan artikolon pri la okupiĝoj de Navalnij en Tomsk, evidente laŭ informoj ricevitaj rekte de la koncernaj aŭtoritatoj. Navalnij alvenis al Novosibirsk per aŭto, la gazeto diskonigas. En Tomsk la kompetentaj organoj senmaskigis la "konspiran apartamenton" de Navalnij, spionante kunlaborantojn de la loka stabejo:

Unu el la subtenantoj de Navalnij en Tomsk luprenis la apartamenton podiurne. La aŭtoritatoj povis trovi ĝin, ĉar unu el la subtenantoj de Navalnij mendis tien suŝiojn. Oni povis konstati, ke la opozicia politikisto mem vizitis la koncernan adreson (interalie kiam la suŝioj estis liverataj). Aldone granda kvanto da ekipaĵo estis portita tien, surbaze de kio la aŭtoritatoj konkludis ke la videa materialo, filmita en Novosibirsk, estis prilaborata kaj muntata en la apartamento. La laboro tie ne ĉesis eĉ kiam Navalnij mem estis ekstere kaj promenis kun lokaj aktivuloj – laŭ ricevitaj informoj liaj kunlaborantoj dum tiu tempo estis muntantaj la filmon.

En la preta kampanja filmo, kiu estis publikigita du semajnojn poste, oni efektive povas vidi Aleksej Navalnij sidi en la luita "konspira" apartamento, ĉe ronda vitra tablo, kaj zorgite trafoliumi fakturojn por elektro, akvo kaj hejtado. Poste li malkaŝas, kiel kelkaj el la gvidaj reprezentantoj de la reganta partio riĉigis sin je la kosto de la Tomskanoj. Droneaj filmoj montras iliajn luksajn domojn rande de la urbo. Ksenija Fadejeva estas filmata dum ŝi ŝoforas en Tomsk, kun Navalnij sur la pasaĝera loko, kaj rakontas kiel la koruptitaj estroj el la partio de Putin jaron post jaro sukcesas teni la potencon en la urba konsilantaro: la junaj Tomskanoj simple ne scias kio okazas, kaj ili ajnakaze ne kredas ke eblas influi, do ili simple fajfas pri la lokaj elektoj. Tion la subtenantoj de Navalnij volas ŝanĝi.

Ksenija Fadejeva ĉeestis, kiam la suŝioj estis mendataj al la "konspira" apartamento.

– Ni ja luis la apartamenton ĉefe ĝuste por tie filmi kelkajn scenojn, ekzemple tiun, en kiu Aleksej rigardas la fakturojn. Dum la filmado ni ekmalsatis kaj mendis suŝiojn. Ĵaŭde vespere, post kiam ni finis la laboron pri la filmo, ni havis renkontiĝon en la stabejo, ni invitis volontulojn kiuj laboris pri la elekta kampanjo. Ne estis granda renkontiĝo, maksimume dudeko da homoj. Ni ne havis multe da loko, kaj ni ne volis lui alian ejon, tio altirus tro da atento.

La renkontiĝo kun la volontulaj kampanjantoj komenciĝis proksimume je la oka horo vespere kaj daŭris unu kaj duonan horon. Poste Aleksej Navalnij diris, ke li ŝatus naĝi, rakontas Ksenija Fadejeva.

– Tion li jam diris pli frue dum la tago. Li ŝatas naĝi en la naturo en diversaj lokoj kiujn li vizitas. Estis varma tago, kaj ni veturis al la vilaĝo Kaftanĉikovo per du aŭtoj. Estas eble 15 kilometrojn de la urbo, pli agrablas naĝi tie, la akvo pli puras, kaj unu el niaj kolegoj, advokato, loĝas tie.

Poste la Kremlaj amaskomunikiloj laŭ sia kutimo provadis konfuzi la aferon kaj asertis, ke Aleksej Navalnij drinkis hejmfaritan brandon en Kaftanĉikovo grandan parton de la nokto – kaj ĝuste pro tio "ekmalbonfartis" dum la flugo hejmen. Sed oni nenion drinkis en Kaftanĉikovo, kaj dum la du tagoj, kiujn ŝi laboris kun Navalnij, Ksenija Fadejeva ĝenerale ne rimarkis ke li trinkus ion alkoholan.

– Kiam ni venis al Kaftanĉikovo, li kaj Pavel Zelenskij, la filmisto de FBK, ekis al la strando. Jam estis mallume. Aleksej kaj Pavel naĝis en la rivero Tom. Poste ni ĉiuj reveturis per mia aŭto, la kolego kiu loĝas en Kaftanĉikovo ja restis tie.

Ksenija Fadejeva veturigis Aleksej Navalnij kaj lian plej proksiman kunlaboranton, Ilja Paĥomov, al la hotelo. En la aŭto estis ŝia kolego Andrej Fatejev, kiu same kandidatis en la lokaj elektoj. ("Ili ne estas parencoj, kaj ni elektis ilin ne pro la nomo", Aleksej Navalnij diras en la kampanja filmo.) Ksenija kaj Andrej eniris la hotelon por adiaŭi la Moskvajn kolegojn, kiuj en la sekva tago veturos hejmen. Tiuj, kiuj ne estis en Kaftanĉikovo, sidis en la fermiĝonta hotela restoracio.

– Poste Aleksej ankoraŭ eliris kun mi kaj Andrej, ni staris tie kaj parolis kelkajn minutojn. Li demandis, ĉu li povas helpi pri io plia, ni manpremis, kaj li diris: "Ĝis la, ni tenu la kontakton", kaj eniris, rakontas Ksenija Fadejeva.

Tiam estis proksimume la dekunua horo vespere, merkrede la 19-an de aŭgusto. Poste ŝi ne plu renkontis Aleksej Navalnij. En la ĵaŭda mateno li devis forveturi de la hotelo frue, kaj Ksenija Fadejeva havis multon farendan por fini la lastajn scenojn de la kampanja filmo kun sia kolego Andrej Fatejev kaj la filmisto de FBK, Pavel Zelenskij. Tial neniu Tomskano akompanis la forveturantajn Moskvanojn al la flughaveno.

*　*　*

En la sekva mateno Ksenija Fadejeva ekvidis la novaĵon en Twitter.

– Aleksej jam forveturis kaj ni estis en tiu apartamento por filmi kelkajn lastajn erojn, kiel ni ekboligas akvon, ŝaltas lampojn kaj tiel plu. Dum Andrej kaj Pavel umis pri io, mi rigardis la telefonon kaj vidis, kion Kira Jarmiŝ skribas en Twitter.

Komence neniu komprenis, kiel serioza ĉio estas, diras Ksenija Fadejeva.

– Estis skribite, ke li ekmalbonfartis. Unue ni ne havis la senton, ke temas pri ia granda katastrofo. Ja okazas ke oni ekmalbonfartas. Ili surteriĝis en la plej proksima flughaveno, sed ni ne sciis, ĉu li estas konscia. Poste ni komencis sekvi ĉiujn ĝisdatigojn kaj reveturis al la hotelo, kie restis la cetera grupo.

La flugo de Aleksej Navalnij el Tomsk al Moskvo urĝe surteriĝis en Omsk, je dekduhora aŭta vojaĝo de Tomsk. Georgij Alburov kaj Marija Pevĉiĥ, kiuj laboras pri la koruptoesploroj de Navalnij, volis atingi Omsk laŭeble tuj, sed ne estis flugoj el Tomsk. Ksenija

— 28 —

Fadejeva proponis veturigi ilin al la milionurbo Novosibirsk, je kvarhora aŭta vojaĝo suden el Tomsk.

– Mi sidiĝis en la aŭto kaj veturigis ilin al la flughaveno en Novosibirsk. Poste mi turniĝis kaj reveturis rekte hejmen al Tomsk.

Ksenija Fadejeva kredis, ke la polico tuj kontaktos ŝin, ĉar Navalnij sidis en ŝia aŭto dum ambaŭ tagoj en Tomsk – precipe nun, kiam ŝi krome subite malaperis el la urbo, post kiam oni eksciis, ke Navalnij estis venenita. Sed la polico ne ŝajnis aparte prioritatigi la okazaĵon.

– Tio estis stranga. Du el miaj kolegoj, Andrej Fatejev kaj la advokato Anton, en la sama tago ja estis vokitaj al la transporta polico. Sed tiu havas nenian kompetenton se temas pri kemiaj armiloj aŭ provoj de murdo. Ili supozeble respondecas pri ŝteloj de valizoj en trajnoj kaj similaj aferoj. Sed en tiu momento mi estis en Novosibirsk, kaj mi pensis, ke ili komencos serĉi min. Mi eĉ pensis, ke oni haltigos min survoje. Sed nenio okazis, mi revenis al Tomsk, kaj ŝajnis ke ĉiuj forgesis min. Neniu eĉ telefonvokis min, kvankam ĝuste mi plej multe interrilatis kun Aleksej.

Nur post kvin tagoj Ksenija Fadejeva estis kontaktita de la polico.

– Oni vokis min al la oficejo de la transporta polico. Ili demandis, kiel fartis Aleksej, ĉu li trinkis alkoholaĵojn kaj se jes, kiom. La ino kiu min intervjuis estis en mia aĝo kaj havis malaltan rangon. Ŝi demandis, kiajn suŝiojn ni manĝis, ĉu ni kune manĝis, ŝi faris ĉiaspecajn stultajn demandojn, sed ili faris nenian teknikan esploradon en la apartamento aŭ en mia aŭto, nenion.

Kiam jam pasis semajno, Ksenija Fadejeva denove ricevis telefonvokon de la polico.

– La geniuloj tie nun volis scii, kiel Aleksej sidis ĉe la manĝotablo, ĉu kun la dorso al la fornelo, aŭ kontraŭ la fornelo. Ĉar nun ili subite intencis fari teknikan esploron de la apartamento. Sed ja estas apartamento, kiun oni ludonas podiurne, do ĝi certe jam antaŭlonge estis purigita. Kaj post pliaj tri tagoj ili telefonis por demandi, kian aŭton mi ŝoforas, ĉar mia aŭto ne estas registrita je mia nomo. Mi rakontis, kian aŭton mi havas kaj diris ĝian registran numeron. Sed ili eĉ ne volis vidi la aŭton. Evientis ke ili ne intencas fari ion seriozan. Kaj ja neniu oficiala krimesplorado estis komencita.

Ĝis la somero de 2021 daŭre neniu formala krimesplorado pri la venenado de Aleksej Navalnij estis malfermita en Rusio – laŭ la rusiaj aŭtoritatoj ja mankas indikoj, ke tia venenado okazis. Rusiaj laboratorioj trovis neniajn spurojn de io ajn en la sango de Aleksej Navalnij. La prestiĝa scienca revuo *The Lancet* publikigis detalan raporton kiu klare montras, ke Navalnij estis venenita per malpermesita kemia armilo de la tipo *Noviĉok*, sed la rusiaj aŭtoritatoj sukcesis komplete preteratenti ĉion en la raporto – krom unu detalo: la informo pri tio, ke la paciento 55 tagojn post la venenado, alivorte en la dua semajno de oktobro, preskaŭ tute resaniĝis de la neŭrologiaj sekvoj de la veneno. Sekve li ja devis senprokraste sin montri ĉe sia kontrolisto en Moskvo por plenumi la regulojn de sia kondiĉa malliberigo.

*   *   *

Post la 20-a de aŭgusto Aleksej Navalnij estis ekster la ludo, sed la elekta kampanjo en Tomsk daŭris. La kampanja filmo estis finpreparita kaj publikigita, kaj post kelkaj monatoj ĝi jam estis montrita ses milionojn da fojoj. Granda parto de la pli ol 500 000 loĝantoj en Tomsk vidis ĝin, kaj post la okazaĵoj la filmo evidente iĝis interesa ankaŭ por spektantoj ĉie en Rusio, diras Ksenija Fadejeva.

– Oni devas kompreni, ke Tomsk estas ne Moskvo, sed ja iom provinca urbo. Ĉiujn interesas tio, kion oni diras pri nia urbo tutlande kaj internacie. Subite Tomsk aperis en ĉiuj novaĵoj, venis ĉi tien ĵurnalistoj el ĉiuj landoj kiujn eblas imagi. Ni sukcesis finprepari la filmon ĝustatempe por la elektoj, kaj mi kredas ke ĝin vidis ĉiuj Tomskanoj kiuj entute interesiĝas pri aktualaj okazaĵoj. Oni komencis rekoni nin surstrate, kaj kiam ni disdonis elektajn reklamojn multaj aliris nin kaj volis paroli kun ni. Tio estis grava kialo, pro kiu ni kaj aliaj kandidatoj kiujn ni subtenis per "inteligenta voĉdonado" gajnis la elektojn. La elektoj okazis la 13-an de septembro. El la sume 37 membroj de la urba konsilantaro 27 estas elektataj en unumandataj distriktoj, kie Unueca Rusio kiel la plej granda partio ĉiam havas avantaĝon, dum 10 anoj estas elektataj proporcie laŭ la partiaj listoj. Antaŭ la elektoj 32 el la sume 37 anoj de la konsilantaro estis reprezentantoj de Unueca Rusio.

La du propraj kandidatoj de la stabejo de Navalnij, Ksenija Fadejeva kaj Andrej Fatejev, ambaŭ gajnis en siaj unumandataj distriktoj. Sed okazis pli ol tio. La "inteligenta voĉdonado" de Aleksej Navalnij – la sistemo laŭ kiu la stabejo donas sian subtenon al kandidatoj kiuj havas la plej bonan ŝancon gajni kontraŭ Unueca Rusio, sendepende de la partia aparteno – bonege funkciis. En la nova urba konsilantaro Unueca Rusio havas nur 11 reprezentantojn, dum la alipartianoj kaj senpartiuloj – kiel Ksenija Fadejeva kaj Andrej Fatejev – havas klaran majoritaton kun siaj 26 mandatoj. La rezulto montras, kial Aleksej Navalnij estas danĝera persono, kiun necesis forigi antaŭ la parlamentaj elektoj, okazontaj aŭtune de 2021.

* * *

La rusian politikan sistemon dum la regado de Putin eblas priskribi kiel ŝajndemokration. La potenculoj volas konservi ŝajnan demokratian legitimecon, transformante balotadojn al plebiscitoj pri la plua ekzisto de la reĝimo. Oni atendas ne tion, ke la balotantoj elektu inter diversaj kandidatoj, sed ke ili simple montru sian subtenon al la reganta ordo. Ĉiuj eblaj manieroj estas uzataj por certigi "ĝustajn" ciferojn, ankaŭ rekta falsigo de la finaj rezultoj. Ofte tamen sufiĉas malhelpi, ke netaŭgaj kandidatoj videblu en la amaskomunikiloj aŭ entute kandidatu.

Somere de 2020 la konstitucio estis ŝanĝita en maniero, kiu ebligas al Vladimir Putin resti prezidento ĝis la jaro 2036. Laŭ la politika sciencisto Vladimir Gelman, laboranta ĉe la Eŭropa universitato en Sankt-Peterburgo kaj ĉe la Universitato de Helsinko, la rusiaj aŭtoritatoj ekde tiam diligente laboradas por forigi ĉiajn verajn kaj imagatajn minacojn al la stabileco de la reĝimo. Kaj unu el la plejaj minacoj estas Aleksej Navalnij.

– Depost la voĉdonado pri la konstitucio en junio 2020 la potenculoj klopodas "cementi" la landon. Tiu estas trafa vorto, uzita de Dmitrij Peskov mem, la gazetara sekretario de Putin. Ili volas cementi la tutan politikan pejzaĝon tiel, ke nenio povu tie kreski. La celo estas konservi la nunan staton kiel eble plej longe. Prefere por ĉiam, sed ja nenio daŭras eterne.

La politika "cementado" en la praktiko signifas eĉ pli fortan subpremadon de ĉio eksternorma, de ĉio, kio imageble povus esti risko al la plua ekzisto de la reĝimo. La elekta leĝaro estas daŭre ĝustigata por certigi taŭgan rezulton, novaj leĝoj estas farataj por igi protestadon pli danĝera kaj pli kosta, sociaj retejoj estas limigataj por malpliigi la riskojn, kiujn la potenculoj vidas ĉie.

– La riskoj povas esti ligitaj al elektoj, al la "inteligenta voĉdonado" de Navalnij, al svingiĝoj en la ĝenerala opinio, la pli kritika sinteno de la publiko al Putin aŭ al la tuto de la politika sistemo. Kaj antaŭ ĉio ĝuste Navalnij mem iritis la potenculojn.

La ŝanĝo de la konstitucio, kiu donis al Putin la rajton regi dum du pliaj mandatperiodoj, estis entreprenita preskaŭ kiel sekreta spiona operaco. Putin unue anoncis, ke la konstitucia paragrafo, laŭ kiu prezidanto rajtas je nur du sinsekvaj mandatperiodoj, nepre restu, kaj eĉ estu striktigita: la kritikata vorto "podrjad" ("sinsekve") povus esti forigita. Tiel ŝajnis evidentaĵo, ke Putin ne intencis resti prezidento post 2024. La ĝenerala supozo iĝis do, ke Putin ja intencas plu regi la landon, sed en alia formala posteno.

Kiam la parlamento en marto 2020 pritraktis la proponojn de ŝanĝoj, kiel marioneto elsaltis la 83-jara parlamentano Valentina Tereŝkova (la unua virino en la spaco 1963). Ŝi faris revolucian proponon, kiu evidente estis anticipe aprobita de la prezidenta administracio: se ni nun ŝanĝas la konstitucion, ja estas tute logike samtempe nuligi la prezidentkalkulilon, tiel ke la sekva mandatperiodo de Putin estu kalkulita kiel lia unua. La prezidento bonvole kapjesis, kaj tiel estis preta la "nuligo" de Putin, kiel la manovro tuj estis eknomata.

Por fortigi la legitimecon de la reĝimo oni spite la kronvirusan pandemion aranĝis iom kaosan "tutrusian voĉdonadon" pri la ŝanĝoj en la konstitucio. La centra punkto de la ŝanĝoj, la nuligo de la mandatperiodoj de Putin, apenaŭ estis menciata en la elekta propagando. Anstataŭe oni diskonigis, ke la ŝanĝoj en la konstitucio unuavice fortigos la honoron kaj gloron de Rusio. Pere de definitiva malpermeso de samseksaj nuptoj ĝi haltigos la gejojn, kiuj minacas la rusajn familiajn valorojn. La nova konstitucio glorigos Dion, kiu nun estas enskribita en la ĝian tekston – kaj antaŭ ĉio la ŝanĝoj donos al ĉiuj pli bonan sanprizorgon kaj altigos la minimumajn salajrojn. Tute hazarde la konstitucio krome donas al la prezidento plian potencon, limigas la lokan memregadon kaj faciligas ignoradon de internaciaj interkonsentoj.

La prezidenta nuligo en si mem ne estas granda inventaĵo. Aleksandr Lukaŝenko (aŭ Aljaksandr Lukaŝenka, laŭ la belorusa ortografio) faris precize same jam en 1996, kiam li reskribis la konstitucion de Belorusio kaj nuligis sian propran prezidentkalkulilon. Putin finfine elektis la plej simplan variaĵon por la plilongigo de sia prezidenta potenco, diras Vladimir Gelman.

– Ion oni devis entrepreni, ĉar la konstituciaj mandatperiodoj de Putin estis elĉerpiĝantaj. Oni diskutis diversajn variaĵojn, sed fine oni elektis ĉi tiun primitivan solvon. Kaj lia strebado ĉion cementi verŝajne parte dependas de tio, ke li komencas maljuniĝi.

Li jam estas 68-jara, kaj ju pli longe li restos en sia posteno, des pli kreskos la malkontento. Tion oni volas preventi, anticipe forigante ĉiujn eblajn alternativojn al la nuna stato de la aferoj.

La deziro rulpremi asfalton sur ĉiuj deviaj opinioj krome ligiĝas al tio, ke la regantoj ĉiam pli spertas la mondon ekster Rusio kiel minacon. Ankaŭ Aleksej Navalnij kaj lian kontraŭkoruptan fonduson FBK oni opinias eksterlandaj agentoj.

Krome Vladimir Putin laŭ Gelman faris grandan eraron, kiam li baldaŭ post la prezidentaj elektoj en 2018 entreprenis la nepopularan altigon de la pensia aĝo.

– Eĉ multaj homoj kiuj principe lojale sintenas al Putin sentis sin trompitaj. Kaj sur tiu fono la potenculoj nun ektimas eĉ pro relative sensignifaj malsukcesoj. Se guberniestro de Unueca Rusio malgajnas en balotado, aŭ se sendependaj kandidatoj sukcesas eniri la urban konsilantaron en Moskvo, oni vidas tion kiel antaŭsignon de baldaŭa katastrofo – oni timas, ke ĉio povas disfali morgaŭ, kvankam efektive ne ekzistas ajna serioza kialo tion kredi.

Speciale la okazaĵoj en Belorusio timigis la potenculojn en Rusio, kvankam la situacio en Rusio malsamas de tiu en Belorusio, diras Gelman.

– Putin plu konservas multe pli el sia iama subteno ol Lukaŝenko. Sed multaj havas la impreson, ke en Belorusio la tuta popolo sin levis kontraŭ la diktatoro, kaj ke la sama afero povas okazi ĉe ni en ajna momento. Tio multe influas kiel la potenculoj interpretas la situacion kaj kiajn solvojn ili elektas.

*   *   *

La elektorezulto en Tomsk montras, ke la kampanjo de Navalnij por "inteligenta voĉdonado" minacas en aparte danĝera maniero la nunan staton de la aferoj. La lokaj stabejoj de Navalnij dise en la lando estas grava ilo en la laboro por ĝeni la ekvilibron de potenco, kaj en marto 2021 la movado de Navalnij eĉ anoncis, ke dek novaj stabejoj estos malfermitaj antaŭ la aŭtunaj parlamentaj elektoj – ambicia celo, kiun la potenculoj baldaŭ igis nerealigebla.

La respondo venis de la prezidanto de la parlamento, Vjaĉeslav Volodin. Li kelkajn tagojn poste en sia Telegram-kanalo skribis, ke la kampanjo de Navalnij por "inteligenta voĉdonado" estas eksterlanda enmiksiĝo en la internaj aferoj de Rusio: "Mi opinias, ke malantaŭ ĝi staras okcidentaj potencoj kaj sekurservoj."

Volodin pli frue estis fame konata pro sia klarigo pri la centra rolo de Vladimir Putin en la plua ekzisto de la rusia ŝtato. La okcidentaj politikistoj ne komprenas la internan ideon de Rusio, li diris dum la internacia diskutforumo Valdaj 2014: "Se estas Putin, estas ankaŭ Rusio, sen Putin ne estas Rusio", li deklaris.

La aserto de Volodin pri tio, ke eksterlandaj sekurservoj kulpas pri la kampanjo de Navalnij por "inteligenta voĉdonado" montras, ke la kampanjo serioze ekzorgigis la potenculojn. La elpaŝo montriĝis la unua signo de novaj subpremaj decidoj. En Tomsk tamen ĝis aprilo 2021 la stabejo de Navalnij rajtis funkcii relative senĝene. Parte povis helpi la rezulto de la lokaj elektoj en septembro 2020, diras Ksenija Fadejeva.

– Ni ja nun estas anoj de la urba konsilantaro. Kiam ni protestis subtene al Aleksej en januaro 2021, niaj kolegoj en aliaj regionoj estis kondamnitaj al aresto, sed ni ricevis nur punpagojn. Ili ja povus malliberigi ankaŭ nin, sed eble ili ne volis tion fari al anoj de la konsilantaro, tio aspektus ne tute bele.

Tamen estas unu afero gajni en lokaj elektoj, dum tutlandaj elektoj estas io tute alia, ŝi poste aldonas.

– Evidente ne estas agrable al la potenculoj malgajni loke, sed tion ili travivas. En la tutlanda parlamento estas ekstreme grave konservi la majoritaton de Unueca Rusio. Sekve en la proksima tempo ni ne havos okazon tediĝi.

Post la venenado kaj antaŭ ol Aleksej Navalnij estis malliberigita, Ksenija Fadejeva sukcesis vidbabili kun li unu fojon.

– Tio estis baldaŭ post la elektoj kaj ne tre longe post kiam li rekonsciiĝis. Li gratulis nin pro la elektorezulto kaj ni iom babilis. Li estis plu en Germanio, sed jam ne en la malsanulejo. Li estis resaniĝanta, li parolis tute kutime kaj povis sidi senprobleme.

Tamen, nun ni jam tro progresis en la tempo. En nia rakonto Aleksej Navalnij nur ĵus perdis la konscion dum la flugo el Tomsk al Moskvo. Ni vidu, kio okazos.

La kvanto de perfortaj atakoj, jura persekuto kaj kotoĵetaj kampanjoj en ŝtataj amaskomunikiloj kontraŭ opoziciuloj kreskis en la lastaj jaroj. En 2015 la konata opozicia politikisto Boris Nemcov estis murdita en centra Moskvo, kaj dum la lastaj jaroj pluraj opoziciaj politikistoj, interalie Aleksej Navalnij kaj Ilja Jaŝin, estis trafitaj de diversaj persekutoj kaj politike motivitaj juraj paŝoj inkluzive de nelongaj malliberigoj.

(El raporto de la svedia ministerio de eksterlandaj aferoj pri homaj rajtoj, demokratio kaj principoj de la juroŝtato en Rusio, decembro 2019)

4. Metabolaj problemoj

Siberio, 2 300 km oriente de Moskvo, la 20-an de aŭgusto 2020

Je 04.40 laŭ Moskva horo *(07.40 Omsk, 08.40 Tomsk)*
Ni troviĝas je dek kilometroj super la tajgo en okcidenta Siberio, ie en la proksimeco de la vilaĝo Novij Vasjugan, kiu havas iom pli ol 2 000 loĝantojn. La vilaĝo estis fondita en 1933 kiel setlejo por ekzilitoj. Ĝia origina nomo estis Mogilnij Jar – Tomba Ravino.

Post la sovetia anekso de Baltio kaj de la nuna okcidenta Ukrainio en 1941 kongrue kun la pakto Molotov–Ribbentrop, proksimume 1 500 loĝantoj de la konkeritaj regionoj estis devige translokitaj ĉi tien. Proksimume duono mortis en la vilaĝo kaj estis entombigitaj tie. Unu el ili estis la rusa elmigrinta poeto Marija Karamzina, naskita en Sankt-Peterburgo en januaro 1900. Ŝia familio forlasis Rusion post la revolucio kaj ekloĝis en Estonio. Tie ŝi edziniĝis al la iama blanka oficiro kaj nobelulo Vasilij Karamzin. Li estis arestita kaj ekzekutita post la sovetia enmarŝo. Marija Karamzina kaj ŝiaj tri infanoj estis ekzilitaj al Novij Vasjugan, kie ŝi mortis pro malsato kaj malsanoj en majo 1942. La sorto de la infanoj ne estas konata.

Aleksej Navalnij ne povas vidi la vilaĝon. Lia sidloko ĉe la fenestro plu malplenas. Pasis jam preskaŭ kvaronhoro post kiam li foriris, kaj lia gazetara sekretario Kira Jarmiŝ ekmiras, kie li restadas. Kiam ŝi rigardas malantaŭen, ŝi vidas, ke ial estas longa vico ĉe la necesejo. En la laŭtparolilo oni demandas, ĉu troviĝas kuracisto inter la pasaĝeroj. La voĉo estas trankvila, sed Kira Jarmiŝ ekzorgas. Kiam la anonco estas ripetita, ŝi puŝetas Ilja Paĥomov, duondorme sidantan ĉe la koridoro. Ŝi petas lin iri vidi, kio okazas.

Kiam Paĥomov venas al la necesejoj li vidas, ke Navalnij kuŝas surplanke en la kuireja spaco, plej malantaŭe en la aviadilo. Li ŝajnas apenaŭ konscia kaj tute ne povas paroli. Li nur ĝemadas. Ĉar neniu kuracisto sin anoncis, Ilja Paĥomov komencas iri antaŭen laŭ la koridoro kaj demandi ĉiujn, ĉu iu havas medicinan edukon. Baldaŭ li trovas flegistinon. Ŝi kuŝigas Aleksej Navalnij stabile sur la flankon, provas veki lin kaj doni al li akvon por trinki. Li glutas kelkajn gutojn, sed poste ĉesas reagi. Baldaŭ oni anoncas, ke la aviadilo surteriĝos en la plej proksima flughaveno por certigi ke la paciento ricevos la necesan flegadon. Ankoraŭ ne klaras, kiun flughavenon oni elektos.

Je 05.25 laŭ Moskva horo (08.25 Omsk)

Kiam la decido pri urĝa surteriĝo estas farita, jam pasis proksimume horo post kiam la aviadilo ekflugis el Tomsk. Ĝi plu daŭrigas laŭ sia planita vojo direkte al la okcidento ankoraŭ dum iom da tempo, sed poste subite krute turniĝas al sudoriento kaj la milionurbo Omsk. Je 08.25 laŭ la loka horo la gvidoturo de la flughaveno en Omsk ricevas peton pri urĝa surteriĝo pro malsanatako en la aviadilo. Post kvin minutoj iu telefonas al la flughaveno kaj anoncas, ke tie estas kaŝita bombo. Oni komencas evakui la konstruaĵon. La bombominaco tamen ne malhelpas la urĝan surteriĝon, kaj je 09.01 laŭ la loka horo la aviadilo estas en Omsk. Tuj kiam ĝi haltas, envenas du kuracistoj.

La kuracistoj eniras tra la antaŭa pordo kaj trairas la tutan aviadilon por atingi la pacienton. Ili senprokraste donas ian solvaĵon en lian vejnon Post momento levplatformo atingas la malantaŭan pordon, trinkaĵa ĉaro kiu fiksiĝis estas formovita, kaj Navalnij estas elportita sur brankardo. Ilja Paĥomov helpas. Ambulanco staras tuj apud la aviadilo. Post momento oni lasas Kira Jarmiŝ eniri la ambulancon, kaj ĝi ekveturas al la hospitalo. Al ŝi la kuracistoj diras, ke la paciento havas simptomojn de venenado.

Ilja Paĥomov restas apud la aviadilo kun la bagaĝo, por li ne estis loko en la ambulanco. Post iom da tempo alvenas granda buso, kiu veturigas lin al la flughavena konstruaĵo. Tie oni unue ne volas enlasi lin. Gardisto en civilaj vestaĵoj diras, ke la flughaveno estas sub bombminaco. La personaro interne en la terminalo ne ŝajnas aparte agitita, kio konvinkas Paĥomov, ke temas pri falsa alarmo. Fine oni lasas lin trairi la konstruaĵon tiel ke li povas kapti taksion al la hospitalo tuj norde de la flughaveno. Tie Navalnij jam estas akceptita en la sekcio de toksologio. Ankaŭ en la hospitalo la kuracistoj komence diras, ke temas pri ia veneniĝo. Kiam Kira Jarmiŝ kaj Ilja Paĥomov atentigas, ke tiuokaze okazis krimo, oni kontaktas la policon. Ekde tiam la policanoj en la hospitalo iĝas ĉiam pli multaj, kaj baldaŭ la kuracistoj parolas nur kun ili. Sed neniam oni malfermas formalan krimesploradon pri venenado.

* * *

Olga Kartavceva estas la kunordiganto de la kampanja stabejo de Aleksej Navalnij en Omsk. Kiam ŝi ekvidas en sia telefono la novaĵon pri la urĝa surteriĝo, ŝi tuj kontaktas Ilja Paĥomov. Li tiam jam troviĝas en la hospitalo kaj petas, ke la lokaj kolegoj alportu kafon. Olga Kartavceva tuj sendas kelkajn kunlaborantojn al la malsanulejo por helpi kaze de bezono. Ŝi mem unue havigas matenmanĝon por ĉiuj. Ekde tiu momento ŝi aŭ iuj el ŝiaj kunlaborantoj konstante troviĝas ĉe la hospitalo, dum Aleksej Navalnij restas tie.

Komence la kuracistoj ŝajnas honestaj kaj rakontas kion ili trovis, sed baldaŭ ili eksilentas, ŝi rakontas. Ŝi estas konvinkita, ke la personaro de la malsanulejo ricevis ordonojn de iu grava persono en Moskvo.

– Tio iĝis ege klara en la dua tago, kiam ili diris, ke ne eblas movi Aleksej, kvankam jam estis interkonsento pri tio, kaj la ambulanc-aviadilo survojis el Germanio. Ili komencis mensogi kaj fermi la pordojn.

La rusaj ambulanckuracistoj, kiuj akceptis Navalnij en la flughaveno de Omsk, estis tute konvinkitaj ke li estis venenita, kaj kredeble ili donis al li atropinon, kiu savis lian vivon. La hospitalo en Omsk neniam donis informojn pri tio, kiajn medikamentojn Navalnij ricevis tie, sed sangoprovoj faritaj poste, en Berlino, montras spurojn de atropino – la sama medikamento, kiun la germanaj kuracistoj poste daŭrigas doni al li, kiam jam klaras la diagnozo.

Je 06.40 laŭ Moskva horo (09.40 Omsk)

En Moskvo Julija Navalnaja vekiĝis frue – ŝi promesis renkonti sian edzon ĉe la flughaveno kiam la flugo el Tomsk surteriĝos, tuj post la oka laŭ Moskva horo. Tial ŝia telefono estas ŝaltita kaj ŝi tuj aŭdas, kiam ĝi sonoras je 06.40. En la aŭdilo estas la voĉo de Kira Jarmiŝ, la gazetara sekretario:

– Julija, trankvilu. Aleksej estis venenita. Ni surteriĝis en Omsk.

Julija Navalnaja unue ne tute komprenas, kion ŝi aŭdis. Ŝi memoras, ke ŝi diris ion similan al "Ho ĉu, bone" kaj finis la vokon. Poste ŝi repensas, retelefonas, kaj demandas:

– Kion vi fakte diris?

Ŝi tuj decidas ekveturi al Omsk, kvankam ankoraŭ ne klaras, kiel serioza la afero estas. Ŝi trovas flugon, kiu ŝajne ekos post du horoj, rapide plenigas valizon per aĵoj kiujn ŝi trovas en la ŝranko kaj mendas taksion. Kiam ŝi poste malfermas la valizon en Omsk, ŝi vidas ke ŝi enĵetis strangajn aĵojn tute ne bezonatajn – iujn belajn jupojn kaj robojn.

La bileton ŝi aĉetas en la taksio. Al la ŝoforo ŝi diras, ke ŝi havas flugon post du horoj. La taksiisto miras, kial ŝi ekveturas tiel lastmomente, sed mirinde sukcesas atingi la gigantan flughavenon Domodedovo sude de Moskvo en iom pli ol duona horo. Jam surloke Julija Navalnaja komprenas, ke ŝi pro la streĉo mispensis, kaj la flugo estos nur post tri horoj. En la flughaveno ŝi ricevas ĝisdatigon el Omsk: Aleksej estas en komato kaj kuŝas ligita al spiraparato. Tiam ŝi ekploras.

La flugo al Omsk ekas je 10.10 Moskva horo kaj surteriĝas en Omsk iom pli ol tri horojn post tio.

Je 14.30 Moskva horo (17.30 Omsk)

En Omsk la personaro en la hospitalo unue ne volas permesi, ke Julija Navalnaja eniru al sia edzo. "La paciento ne donis sian permeson", ili diras – sed kiel li donu ĝin, se li estas senkonscia? La pasporto kun ŝia nomo ne estas akceptata kiel pruvo ke ŝi fakte estas la edzino de la paciento, la personaro postulas atestilon pri geedziĝo. La ĉefkuracisto ne povas doni permeson, ĉar li "estas en kunsido". Fine ŝi tamen ricevas permeson eniri al sia edzo. Li estas senkonscia, konvulsias kaj tordas sin. Julija Navalnaja havas la senton ke la kuracistoj ne rakontas la veron. Ili ŝajnas timi kaj kaŝi ion. Ŝi suspektas ke potenculoj premas ilin. Lokaj ministroj eniras la laborĉambron de la ĉefkuracisto, sed ŝi ne komprenas, kion ili faras tie. Ŝi volas paroli nur kun la ĉefkuracisto, kaj fine ŝi rajtas.

Ivan Ĵdanov, la ĉefo de la kontraŭkorupta fondaĵo de Navalnij, FBK, sukcesis veni al Omsk samaviadile kun Julija Navalnaja. Ankaŭ la propra kuracisto de Aleksej Navalnij, Anastasija Vasiljeva, alvenas dum la tago, kaj vespere la triopo kune renkontas la ĉefkuraciston, sed tiu ne volas doni ajnajn informojn. Ili ekscias nur, ke Aleksej Navalnij troviĝas en komato kaj ke neniu diagnozo ĝis nun povis esti farita. Oni promesas gazetaran konferencon en la sekva tago je la 10-a horo.

Komence neniu vere kredas, ke povus efektive temi pri provo de murdo, diras Olga Kartavceva.

– Ni ja komprenis, ke estis ia venenado, ĉar la ambulancaj kuracistoj tuj diris tion, kaj ĉar oni veturigis lin al la toksologia sekcio. Ni pensis, ke verŝajne estis plia provoko de la sama tipo kiel kutime, kiam ili ĵetas ovojn kontraŭ Aleksej kaj tiel plu. Eble ili metis drogon en lian teon, aŭ io tia. Kaj la kuracistoj poste ja nenion rakontis al ni, ne eblis scii, kiel serioza lia situacio estis.

19.30 Moskva horo (18.30 Centr-eŭropa horo)

Intertempe la okazaĵo vekas grandan atenton en la tuta mondo. La federacia kanceliero de Germanio, Angela Merkel, kaj la prezidento de Francio, Emmanuel Macron, havas komunan gazetaran konferencon en Fort de Brégançon, la somera rezidejo de la franca prezidento, kie Merkel vizitas. Merkel diras, ke Germanio pretas akcepti Navalnij por specialista flegado, se aperos tia deziro. Ŝi estas ŝokita de la okazaĵoj kaj postulas ke la rusiaj aŭtoritatoj klarigu, kio kaŭzis lian subitan malsaniĝon.

– Ege gravas nun ke oni rapide klarigu, kiel ĉi tiu situacio povis estiĝi. Ni insistos pri tio. Tio, kion oni ĝis nun aŭdis pri la cirkonstancoj estas tre zorgiga. Travidebleco estas nepra, diras la kanceliero.

Intertempe Kremlemaj retaj troloj jam komencis disvastigi famojn, laŭ kiuj Navalnij tute ne estis venenita, sed drinkis tro da hejmfarita brando. La laŭtvoĉa marioneto de Kremlo, la naciisma politikisto Vladimir Ĵirinovskij, miras, kial Germanio kaj Francio entute interesiĝu pri la sano de Aleksej Navalnij. Tio estas ege suspektinda, li diras en la radia kanalo de la Kremlema ĵurnalo *Komsomolskaja pravda*, kie li havas propran programon ĉiusemajne.

– Angela Merkel ion blekas, same Macron. Sed lia Notre-Dame ja forbrulis, li povas okupiĝi pri tio. La kvanto de malsanuloj je kronviruso kreskas ĉe vi, sed vi nur babilas pri iu Navalnij.

***Vendredo, la 21-a de aŭgusto je 04.00 Moskva horo** (07.00 Omsk)*

Post longaj intertraktadoj la kuracistoj en la hospitalo en Omsk pli frue konsentis, ke Aleksej Navalnij povos esti transportita al Germanio, kaj ambulanca aviadilo laŭplane baldaŭ venos. Sed subite la rusaj kuracistoj ŝanĝas opinion. Post plia renkontiĝo ili diras, ke konklude tamen la sanstato de Navalnij tute ne taŭgas por transporto. Intertempe estas okazanta sekreta operacio por forigi ĉiujn spurojn de la kemia armilo noviĉok de sur la haŭto kaj vestaĵoj de Aleksej Navalnij, sed tio iĝos konata nur poste.

Dum Ivan Ĵdanov kaj Anastasija Vasiljeva estas ĉe la ĉefkuracisto Aleksandr Muraĥovskij por diskuti, kial subite malebliĝis transporti la pacienton, envenas policano kiu montras al Muraĥovskij sian poŝtelefonon. "Jen la substanco kiu estis trovita", ŝi diras. Ĵdanov ekkuras post la policano por demandi, pri

— 42 —

kiu substanco temas. Tion ŝi ne povas diri, tio "devas resti sekreta pro la krimesplorado", kvankam krimesplorado ne okazas. Sed ĝi estas vivdanĝera, ne nur por Aleksej sed por ĉiuj apude. Ĉiuj devas porti protektan ekipaĵon, diras la policano kaj malaperas. Ĵdanov eliras kaj rakontas tion, kion li ĵus aŭdis, al la grupo de ĵurnalistoj. La tuta interparolo estas sonregistrita, la registrilo de Ĵdanov estis ŝaltita kiam la policano enkuris. Li tuj elŝutas la sondosieron al sia kanalo en Telegram.

Poste la ĉefkuracisto Muraĥovskij bagateligas la informon pri trovita danĝera substanco – laŭ li la substanco venis de iu unufoja taso kiun tuŝis Navalnij, kaj neniel rilatis al ajna venenado. Sed kial do li estas senkonscia? Ja, temas pri ia metabola problemo kaj tro da glukozo en la sango.

Aleksandr Muraĥovskij kompreneble estas membro de la reganta partio Unueca Rusio. En novembro 2021, tri monatojn post la venenado, li ricevas la postenon de regiona ministro de sano en la distrikto de Omsk. Eble helpis lia lojaleco dum la operaco ĉirkaŭ Aleksej Navalnij. Mark Mann, volontulo de la stabejo de Navalnij en Omsk, manifestacias kontraŭ la nomumo, estas kaptita de la polico kaj devas punpagi 150 000 rublojn (1 700 eŭrojn), kvankam por solulaj manifestacioj ne estas bezonata permeso.

Krom la polico, ankaŭ la sekurservo rapide trovas la hospitalon. Viroj en kompletoj ariĝas ĉirkaŭ la kunsidtablo en la laborĉambro de Muraĥovskij. Unu el la kunlaborantoj de Navalnij sukcesas foti du el ili. Poste oni identigas ilin kiel Miĥail Jevdokimov, ĉefo de la kontraŭterora sekcio de la sekurservo FSB en Omsk, kaj Vjaĉeslav Krjuĉkov – loka ĉefo de la ministerio de internaj aferoj kaj polica komisaro. Jevdokimov estas la loka kontaktulo en la operaco de FSB en Omsk por forigi la spurojn de la kemia armilo.

Sur la muro malantaŭ la skribtablo de Muraĥovskij pendas bildo de prezidento Vladimir Putin staranta en grenkampo, kun meditema mieno gustumanta spikon.

09.09 Moskva horo (12.09 Omsk)

La ambulanca aviadilo el Germanio surteriĝas en Omsk. La kostojn pagis la multmilionulo Boris Zimin, grava financanto de la agado de Navalnij. Zimin poste pagos ankaŭ la kostojn de la flegado de Navalnij en Germanio. Sed nun ne klaras, kion la kuracistoj alvenintaj per la ambulancaviadilo faru. Ili devus akcepti Navalnij en la flughaveno kaj tuj flugi reen – sed li estas kaptita en la hospitalo. La germanaj kuracistoj kaj pilotoj aliflanke ne povas forlasi la flughavenon, ĉar ili ne havas rusian vizon. Estis plena kaoso, diras Olga Kartavceva.

– Neniu komprenis, kio okazas. Fine oni sukcesis per diplomatiaj kanaloj aranĝi vizojn, tiel ke la germanaj kuracistoj povis veni al la malsanulejo kaj vidi la pacienton. Julia ĉirkaŭkuris tien-reen en la hospitalo kaj serĉis ilin, sed oni ne lasis ŝin alproksimiĝi. La sekurservo permesis al neniu renkonti la germanojn. Ivan kaj Kira staris ekstere kaj atendis, sed kiam la germanaj kuracistoj elvenis, la sekurservo baris la vojon kaj tenis ilin distance dum la germanoj estis fortransportitaj per aŭto.

La rusaj kuracistoj en la hospitalo evidente ricevis ordonon el Moskvo ne ellasi Navalnij, laŭ Olga Kartavceva:

– Komence ili ja kondutis tute adekvate, kaj ankaŭ ni volis esti laŭeble afablaj. Tial ni unue ne vokis la apogantojn de Aleksej al la hospitalo, kvankam iuj venis ajnakaze. Ni rekte raportis pri ĉiuj okazaĵoj en la reto, kaj kiam evidentiĝis, ke la kuracistoj ne intencas permesi al Aleksej forlasi la malsanulejon, ĉiuj komprenis, ke ili ion kaŝas. Ili sekretigis la diagnozon, ili komencis konduti strange, eviti demandojn kaj paroli malveron. Tiam ni instigis homojn veni al la hospitalo por premi ilin, kaj multaj venis. Ili staris tie kun siaj afiŝoj, kaj feliĉe la aŭtoritatoj ne provis dispeli la manifestacion. Tiel frenezaj ili ja tamen ne estas, la tuta mondo rigardis, estus tro hontinde fari tion. Sekve neniu estis arestita.

16.30 Moskva horo (19.30 Omsk)
La prezidento de Finnlando, Sauli Niinistö, diskonigas en Twitter ke li telefonparolis kun Angela Merkel kaj diskutis la situacion ĉirkaŭ Aleksej Navalnij. Baldaŭ li telefonas al Vladimir Putin.

En rekta elsendo en finnlanda televido la sekvan tagon Niinistö rakontas, ke li unue interkonsentis kun Merkel ke Navalnij devus esti transportita al Germanio. Poste li demandis al Putin, ĉu eblus. Laŭ Niinistö Putin tiam respondis, ke ne estas "politikaj malhelpoj" tion fari.

Intertempe en Omsk Julija Navalnaja finfine sukcesis kontaktiĝi kun la kuracistoj el Germanio kaj renkonti ilin en ilia hotelo. La kuracistoj diras al ŝi, ke tute bone eblas transporti Aleksej, ili nur unue devos skribi atestilon.

Ŝi eliras kaj sidiĝas sur ligna teraso proksime al la hotelo. Kiam ŝi rigardas en unu direkto ŝi vidas la riveron Irtiŝ, fluantan el nordokcidenta Ĉinio kaj Kazaĥio tra Omsk, plue al la rivero Ob kaj al Arkta maro. Kiam ŝi rigardas en la alia direkto ŝi vidas bele vestitan aron da homoj kiuj solenas nupton, kantas kaj ĝuas la vivon. Estas tute superrealisme, kvazaŭ en filmo, ŝi poste rakontas. Ŝi simple ne komprenas, kio okazas.

La estraro de la hospitalo plu silentas kiel muro. Julija Navalnaja aŭdis, ke Merkel kaj Macron ion deklaris, kaj ŝi mem publikigis malferman leteron al Vladimir Putin, kun la postulo ke estu permesita la transporto de la paciento al Germanio. Malfrue vespere, kiam ĉiuj jam estas konvinkitaj ke nenio plia okazos en tiu tago, la estraro de la hospitalo subite vokas al gazetara konferenco.

18.30 Moskva horo (21.30 Omsk)

La gazetara konferenco sur la ŝtuparo ekster la malsanulejo iĝas surprizo por ĉiuj. Eĉ Julia Navalnaja ne ricevas anticipe informon pri la decido de la hospitala estraro, oni diras al ŝi nur, ke okazos gazetara konferenco, rakontas Olga Kartavceva.

– En la mateno ili diris, ke lin ne eblas movi, la tutan tagon daŭris burokrata ĉikanado pri ĉio ajn, eĉ por entute liberigi la germanajn kuracistojn el la flughaveno. Neniu komprenis, kio okazas kaj kiel ĉio finiĝos. Ĉiuj jam iris hejmen aŭ al siaj hoteloj, ni ricevis informon ke en tiu tago nenio plia okazos. Kaj jen subite ni eksciias, ke estos gazetara konferenco, kun grava anonco. Ili kolektis ĉiujn tie ĉe la enirejo de la malsanulejo, kaj diris, ke nun eblas lin transporti.

Laŭ hospitala fonto, citata de la novaĵagentejo Reuters, la decido permesi la transporton venis de la plej alta loko: "Ni sidis tie en la oficejo, kiam venis voko el Kremlo, ili diris ke ni permesu al la paciento forveturi… kaj ni komencis labori. Ĉiuj povis elspiri."
Tamen povas esti ke la fina signalo venis ne ĝuste el Kremlo. Poste oni eksciis, ke Vasilij Kalaŝnikov, venen-specialisto de la sekurservo FSB, urĝe veturis al Omsk la 21-an de aŭgusto. La celo eble estis certigi, ke neniaj spuroj de la veneno plu restu en la sango aŭ sur la korpo de Navalnij.

La principan decidon lasi Navalnij veturi ĉiukaze faris Vladimir Putin mem – tion li mem diris poste, dum sia gazetara konferenco la 17-an de decembro 2020. Tiam li ridante konfesis ke la rusia sekurservo kompreneble sekvis Navalnij, ĉar Navalnij "kunlaboras kun la usona serkurservo".

– Tiam evidente la sekurservoj devas observi lin. Sed tio tute ne signifas, ke oni bezonas lin veneni. Kiu lin bezonas? (Ridas.) Ĉu vi komprenas? Se oni volus, oni certe finfarus la aferon. Sed kiam lia edzino turnis sin al mi, mi tuj ordonis ke oni lasu lin veturi al Germanio por flegado, en la sama sekundo.

* * *

La 22-an de aŭgusto 2020, 04.59 Moskva horo (07.59 Omsk)
La ambulanca aviadilo kun Aleksej Navalnij kaj Julija Navalnaja ekflugas el Omsk. Post iom malpli ol kvin horoj ĝi surteriĝas en la armea sekcio de la flughaveno Schönefeld en Berlino. Aleksej Navalnij estas provizita per vivgardistoj kiel "persona gasto de la kanceliero" kaj procesio de motorcikloj akompanas lian ambulancon al la universitata hospitalo Charité.
Je la alveno al Berlino, du tagnoktojn post la unuaj simptomoj, Navalnij trovas sin en profunda komato. La pulso baldaŭ malrapidiĝas al 33 korobatoj en minuto kaj la korpa temperaturo al

33,5 gradoj, dum li plu ŝvitas. La pupiloj ŝrumpis kaj ne reagas al lumo, la refleksoj estas malfortaj. La laboratoriaj rezultoj montras klarajn signojn de veneniĝo per kemiaĵo kiu inhibas kolinesterazon – enzimon, kiu estas bezonata por reguligi la funkciadon de specifa nerva signalsubstanco. Ĉio ŝajnas indiki, ke li estis venenita per la nervoveneno Noviĉok. La rusa vorto signifas simple "novulo". En Sovetio en la 1970-aj jaroj oni komencis evoluigi grupon de nervovenenoj kun tiu nomo. La celo estis, ke la substanco estu malfacile detektebla, sekure prilaborebla, kaj ke ĝi ĉirkaŭiru la regulojn de la konvencio pri kemiaj armiloj. La kemiistoj Vil Mirzajanov kaj Lev Fjodorov, kiuj laboris pri la evoluigo de kemiaj armiloj, en 1992 en gazeta artikolo malkaŝis, ke la rusia armeo eĉ post la disfalo de Sovetio plu laboris pri evoluigo kaj testado de tiaspecaj substancoj.

Kelkaj variaĵoj de Noviĉok estas likvaj – ekzemple tiuj uzitaj kontraŭ la eksa rusia spiono Sergej Skripal en Britio – dum aliaj asertite havas solidan formon kaj povas esti uzataj kiel fajna pulvoro. Almenaŭ iuj el la variaĵoj estas tiel nomataj binaraj armiloj: la veneno konsistas el du malsamaj substancoj, kiuj ambaŭ aparte estas relative sendanĝeraj kaj tial pli facile prilaboreblaj, transporteblaj kaj konserveblaj.

Noviĉok funkcias en simila maniero kiel aliaj nervovenenoj, danĝere pligrandigante la signalojn al muskoloj kaj ene de la parasimpata nerva sistemo.

Tio povas kaŭzi fortan ŝvitadon, haluciniĝon, angoron, spirmalfacilon, konvulsiojn, perdon de konscio, malaltan pulson, malaltan sangopremon kaj fine morton pro sufokiĝo aŭ korohalto. La simptomoj similas al tiuj, kiujn spertis Aleksej Navalnij antaŭ ol li iĝis senkonscia – kaj kongruas kun tio, kion la germanaj kuracistoj povis observi, kiam ili en Omsk rajtis aliri la pacienton. Navalnij tiam havis malaltan pulson (44 korobatoj en minuto), malaltan korpotemperaturon (34,4 gradoj) kaj vastajn pupilojn, kiuj ne reagis al lumo. La sekvan tagon la pupiloj malkreskis kaj la pulso iom altiĝis, eble pro medicinado en la hospitalo en Omsk. Sed la kuracistoj tie neniam rakontis, kiujn medikamentojn ili uzis.

La spaco por la civitana socio plu ŝrumpas, interalie pro la leĝoj pri tiel nomataj eksterlandaj agentoj kaj nedezirataj organizaĵoj. La leĝo pri eksterlandaj agentoj de la jaro 2012 signifas, ke organizaĵoj de la civitana socio, kiuj laŭ la pritakso de la aŭtoritatoj entreprenas politikan agadon kaj ricevas financadon el eksterlando, devas registri sin ĉe la ministerio de justico kiel "eksterlandaj agentoj". La koncepto de politika agado estas difinata vaste kaj inkluzivas ekzemple opini-esploradojn, publikajn debatojn kaj observadon de elektoj.

La etikedo "eksterlanda agento" estas forte stigmata, ĉar dum la sovetia periodo ĝi estis uzata por priskribi spionojn kaj ŝtatperfidulojn.

(El raporto de la svedia ministerio de eksterlandaj aferoj pri homaj rajtoj, demokratio kaj principoj de la juroŝtato en Rusio, decembro 2019)

❖

5. Tri ĉambroj kaj kuirejo

Berlino, la 24-an de aŭgusto 2020

Post du tagoj la universitata malsanulejo Charité povas definitive konfirmi, ke Aleksej Navalnij efektive estis venenita, kvankam la hospitalo en Omsk povis trovi nenian signon de veneno. Ankoraŭ ne tute klaras, pri kia veneno temas, sed ĉio ŝajnas indiki, ke estas ia inhibilo de kolinesterazo – kemiaĵo, kiu malhelpas la funkciadon de certa signalsubstanco en la nerva sistemo. La informoj estas publikigitaj kun permeso de Julija Navalnaja, kiu venis al Berlino kun sia edzo per la ambulanca aviadilo. Baldaŭ aliĝas ankaŭ la du infanoj de la familio: la 20-jara filino Darja, kiu de du jaroj studas en la universitato Stanford en Usono, kaj la 13-jara filo Zaĥar.

Dum la germanaj kuracistoj donas al Aleksej Navalnij kontraŭvenenon, atropinon, kaj klopodas stabiligi lian sanstaton, ni retropaŝu iom kaj rigardu la historion de la familio Navalnij.

Aleksej Navalnij naskiĝis la 4-an de junio 1976 en Sovetio. Lia baldaŭa patrino Ljudmila pasigis la lastajn tagojn antaŭ la akuŝo ĉe sia propra patrino en Zelenograd, tuj nordokcidente de Moskvo – sed kiam alvenis la tago, montriĝis ke la akuŝejo tie estas fermita pro rekonstruado. Ljudmila kaj ŝia patrino devis petveturi dudekon da kilometroj per kamiono al la apuda urbo, Solneĉnogorsk, laŭvorte "la sunmontejo". La patro de Aleksej troviĝis en la armea bazo kie li estis dungita, sed tiutempe la patro ĉiuokaze ne rajtis kunveni al la akuŝejo.

La malgranda familio jam ricevis loĝejon en la vilaĝo Butin, tridek kilometrojn sude de la randa ringa vojo de Moskvo, ĉe la rivereto Butinka. Ne estis ordinara vilaĝo, sed *vojennij posjolok*, fermita loĝkvartalo por militistoj kaj ties familioj. La vilaĝo konsistas el du sovetiaj, nuntempe jam sufiĉe malbonstataj duetaĝaj brikaj apartamentaj blokoj, kaj el kelkaj malpli grandaj lignaj domoj. La domoj estis konstruitaj por dungitoj de la apuda aerdefenda regimento, kie Anatolij Navalnij, la patro de Aleksej, servis.

La patro naskiĝis kaj kreskis en Ukrainio, en la vilaĝo Zalissja ekster Ĉornobil, pli konata laŭ la rusa nomo Ĉernobil. La vilaĝo havis 2 849 loĝantojn kiam ĝi estis evakuita la 4-an de majo 1986, semajnon post la katastrofo en la nuklea centralo 15 kilometrojn de la vilaĝo. De kiam la izolita zono estis malfermita por turistaj grupoj, multaj eksterlandanoj vizitadas la malgrandan, forlasitan vilaĝon laŭvoje al la fantoma urbo Pripjat. La malaltaj, blankaj domoj en Zalissja sin kaŝas en la verdaĵoj, kaj kvankam la stukaĵo jam erodiĝas sur la muroj, oni povas kompreni, kial la malgranda Aleksej Navalnij ĝis la akcidento volonte pasigis la somerojn ĉi tie, ĉe sia avino Tatjana. Ŝi parolis ukraine, kaj kiam Aleksej revenis hejmen al la gepatroj, okazis ke li mem komencis paroli same, asertante ke li dum la somero forgesis la rusan.

Avino Tatjana perdis sian bienon dum la deviga kolektivigo fine de la 1920-aj jaroj kaj malamis la sovetian sistemon. Ĝuste ŝi lasis bapti Aleksej, ne petinte la permeson de la gepatroj – kiel partiano la patro ĉiukaze ja ne povus ĝin doni. Ŝi kunportis Aleksej al la preĝejo, kie li parkeris "Patro nia". Reveninte hejmen li iun fojon komencis deklami la preĝon en la infanvartejo, kio ridigis la pedagogojn. Malpli amuziĝis la gepatroj, kiuj povus ekhavi problemojn – dum la sovetia tempo estis malpermesite religie endoktrinigi infanojn. Sed la avino ne sukcesis pri sia kontraŭleĝa endoktrinigo. Kiel membro en la infana organizaĵo de la komunista partio, Aleksej Navalnij male klopodis helpe de libroj el la serio "Biblioteko de la ateisto" konvinki sian avinon, ke nenia dio ekzistas. Poste, kiam naskiĝis lia unua infano, li tamen mem iĝis rusortodoksa kredanto.

Aleksej Navalnij apartenas al la lasta generacio, kiu povas klare memori Sovetion – li estis dekkvinjara kiam la ruĝa flago super Kremlo estis lastfoje malhisita la 25-an de decembro 1991. Kaj liaj memoroj pri Sovetio ne estas rozkoloraj. Lia frato Oleg naskiĝis, kiam Aleksej estis en la unua klaso en 1983, kaj al liaj taskoj apartenis vicatendi por aĉeti lakton al la frateto, li rakontas en intervjua libro de Konstantin Voronkov, aperinta en Rusio en 2011:

– Kiam li estis malgranda, li bezonis multe da lakto kaj oni devis daŭre vicatendi. Necesis stariĝi en la vico antaŭ la 14-a horo, kiam la lakto venis, kaj ĝuste tiam mi survojis hejmen el la lernejo. Kiam oni rakontas fabelojn pri tio, kiel bone ĉio estis en Sovetio, mi ne havas fortojn aŭskulti. Mi staris en la laktovico. Miaj gepatroj daŭre memoras, ke oni devis viciĝi por viando je la kvina matene, se oni volis ricevi ion. Kaj eĉ tio estis en militista bazo, kie la liveroj estis bonaj. En Sovetio mankis manĝaĵoj. Ni kunportis fagopiron kiam ni veturis al Ukrainio el Moskvo, kvankam ĝuste en Ukrainio oni kultivas fagopiron.

La patro, Anatolij, unue laboris kiel komunika oficiro, poste kiel armea juristo, sed li kritike sintenis al la sistemo. Post kiam la sovetiaj trupoj eniris Afganion en 1979, li volis scii, kio vere okazas tie. Li havigis kurtondan ricevilon kaj komencis aŭskulti *Voice of America* en la rusa.

– Li estis tiel kontraŭsoveta, ke kiam li komencis diskuti kun la amikoj, mi ĉiam kuris por fermi la fenestrojn, por ke la sekureca sekcio ne aŭdu, diras la patrino de Aleksej Navalnij, Ljudmila, en intervjuo de la rusia periodaĵo *New Times*.

Ljudmila Navalnaja kiel dirite venas el Zelenograd, tridek kilometrojn nordokcidente de Moskvo. Sian estontan edzon ŝi renkontis en loka trajno, kiam ŝi survojis al vespera kurso pri ekonomio.

– Li jam estis ĉef-leŭtenanto kaj veturigis militservantojn al iu kurso. Li donis sian sidlokon al mia amikino, mi staris kun li kaj parolis. Ni interrilatis dum proksimume du jaroj, poste ni geedziĝis en 1975, sed komence mi plu loĝis ĉe mia patrino kaj li en la milita bazo.

Ŝi finstudis la vesperan kurson kaj trovis laboron proksime de Butin, kiel ekonomia administranto en fabriketo. Tie oni produktis interalie korbojn kaj korboseĝojn. Kelkajn jarojn poste la familio ekloĝis en alia armea bazo proksime al Kaluga, cent kvindek kilometrojn sudokcidente de Moskvo. Tie ŝi laboris kiel librotenisto en la armeo. En 1987 ŝi revenis al la korbofabriko kaj havis tempon fari iom da kariero, iĝante vicĉefo pri ekonomio, antaŭ ol ĉio disfalis post la fino de Sovetio, samkiel ĉie en Rusio en tiu tempo. La planekonomio ne plu ekzistis kaj la gvidantoj de la fabriko tute ne komprenis, kiel oni igu ĝin profita.

– Ni en la fabriko ricevis neniun salajron dum tuta jaro, ni devis elturniĝi per tio, kion gajnis mia edzo. La militistoj ĉiukaze ricevadis salajron. Aleksej jam studis tiam, sed Oleg estis malgranda kaj ni bezonis fari ion por gajni monon.

Ljudmila Navalnaja demandis la ĉefon de la fabriko, ĉu ŝi rajtas pruntepreni la kamionon de la fabriko dum la semajnfino kaj vendi korbojn ĉe la vojrando. La edzo opiniis ŝin freneza, sed konsentis helpi.

– Li staris tie acida: Ĉu subkolonelo okupiĝu ĉi tie pri viaj korboj? La unuan tagon ni vendis preskaŭ nenion. Poste unu aŭto haltis, poste plia, kaj la sekvan semajnfinon estis tuta popolmigrado. Dum tri semajnfinoj ni sukcesis forvendi la jaran produktadon de la fabriko, ĉion, kio amasiĝis en la tenejo, kaj fine la dungitoj ricevis siajn salajrojn.

La organizitaj krimuloj, kiuj komence de la 1990-aj jaroj ĉantaĝis ĉian komercon, ial ne aparte interesiĝis pri la korbovendistoj ĉe la vojrando. Sed la polico ja interesiĝis, rakontas Ljudmila Navalnaja al *New Times*.

La polico evidente tuj postulis ŝmirmonon por ne trovi la vendadon kontraŭleĝa.

Poste la posedanto de la fabriko, sovetia kooperativo en transformiĝo al io alia, konstatis ke la sola profita solvo estis fermi la fabrikon kaj vendi ĉion. Tiam la familio Navalnij iĝis entreprenistoj. Ili aĉetis la fabrikon kaj plu vendadis korbojn kaj korboseĝojn ĉe la vojrando.

– Komence ni vendis tie ĉion kion ni produktis. Aleksej cetere same staris tie, la estonta prezidento de Rusio, kaj vendis, plej bone el ĉiuj. Li jam studis ĉe la universitato sed helpis kiam necesis.

— 52 —

La fabriko poste konstruis butiketon, ekhavis multajn grandajn klientojn kaj sen apartaj problemoj travivis la grandan ekonomian krizon lige kun la ŝtata bankroto en 1998. La krizo de 2008 estis pli serioza, sed plej peze tamen estis, kiam la polico konfiskis ĉiujn komputilojn kaj dokumentojn en 2012, pro la granda krimesplorado kontraŭ Aleksej kaj Oleg. En la politike motivita proceso ambaŭ fratoj estis kondamnitaj al 3,5 jaroj en malliberejo, Aleksej komence kondiĉe. Laŭ la Eŭropa kortumo pri homaj rajtoj la akuzoj pri ekonomia delikto estis elpensitaj.

– Kiam ili komencis konfiski niajn komputilojn kaj mendoregistrojn, mi petis la ĉefesploriston, ke ili almanaŭ permesu al mi noti la plej gravajn klientojn. "Vi ne plu havos klientojn", li respondis.

* * *

La totala mensogo de la soveta epoko konvinkis Aleksej Navalnij pri la neceso de demokratio. La mensogo evidentiĝis, kiam li ekkonis infanojn, kies gepatroj militservis eksterlande: en Orienta Germanio, Hungario aŭ Afganio, li rakontas en la intervjulibro.

– Mi ne spertis socian neegalecon, kaj ili ne estis pli riĉaj ol ni. Sed ili iam estis eksterlande, ni ne. Tial evidentis, ke ili estis alispecaj homoj ol ni. Evidentis, ke la tuta sistemo estis konstruita sur trompo. Ĉiuj agitistoj kaj propagandistoj, kiuj rakontis fabelojn pri sia partio, ili revis nur pri libertempa vojaĝo al Bulgario. Por la vojaĝo ili aĉetos brakhorloĝojn ĉi tie kaj ŝanĝos kontraŭ magnetofonoj tie. Ĉiuj volis vojaĝi eksterlanden, sed la solaj kiuj rajtis estis tiuj, kiuj plej bone sciis cerbolavi nin aliajn kaj konvinki nin pri la elstareco de Sovetio kaj la soveta sistemo.

Kiam Aleksej Navalnij finis la lernejon en 1993 estis pasintaj unu kaj duona jaroj post la disfalo de Sovetio. Li ekstudis juron, kaj post kelkaj jaroj li jam povis gajni monon, helpante diversajn entreprenojn per siaj juraj scioj. Li longe restis konvinkita pri tio, ke la libera merkato baldaŭ ĉion ordigos en Rusio. Tamen iom post iom li rimarkis, ke bonaj kontaktoj kiun potenculoj estas la ĉefa postulo por financa prospero. Li komencis pripensi, kio misas en la nova sistemo kaj kiel tion eblus ŝanĝi.

En junio 1999 Aleksej Navalnij iĝis 23-jara. Du monatojn poste prezidento Boris Jelcin igis la ĉefon de la sekurservo FSB sia nova ĉefministro. Lia nomo estis Vladimir Putin. La 19-an de decembro estis aranĝita la parlamenta balotado, en kiu la komunistoj kun 24 procentoj el la voĉoj konservis sian pozicion kiel la plej granda partio. La lastan tagon de la jaro Jelcin transdonis la potencon al Vladimir Putin, petis pardonon de la rusia popolo, kaj demisiis.

En ĉi tiu tempo Aleksej Navalnij decidis engaĝiĝi en la maldekstre liberala partio Jabloko. Li simple pensis, ke tiu estas la sola partio, kiu konsekvence laboras por fortigi la demokration el Rusio, partio, kiu havas verajn idealojn kaj ne vendas sin kontraŭ mono aŭ postenoj en la hierarkioj de la potenco. Sed li rapide devis konstati, ke la partio pro diversaj kialoj perdadas siajn poziciojn.

En la intervju-libro Navalnij rakontas, ke por aliĝi li iris al la ĉefsidejo de la partio en Novij Arbat, unu el la ĉefaj avenuoj de Moskvo, inter Kremlo kaj la registara konstruaĵo.

– Mi simple iris tien, mi ne anticipe interkonsentis pri renkontiĝo aŭ petis ies rekomendon, mi sonorigis ĉe la pordo kaj eniris. Mi ne scias, kion mi atendis, sed la unua impreso ne vere akordiĝis kun miaj supozoj pri parlamenta partio. Tie regis infera mizero, estis ia klubo de degenerintaj eksaktivuloj. Ili tie pritaksis min en ia komisiono kaj poste sendis min al la sekcio en Sudorienta distrikto, kie mi loĝis. Mi venas tien, kaj tie sidas iu ino kiu rigardas min suspekteme. Mi ne scias, ĉu delonge neniu tien venis, aŭ ĉu estis ŝia labortasko tiel rigardi ĉiujn. Sed mi ja bele min vestis, en kompleto. Poste venas kelkaj pliaj kaj ili komencas min pridemandi: kion mi vere volas? Ŝajnis kvazaŭ ili en ajna momento komencos min konvinkadi ne aliĝi al la partio. Ili ĉiuj pensis, ke mi havas iun kaŝitan intencon. Tio estis en la komenco de la Putina epoko, jam preskaŭ neniu aliĝis al partio pro nura konvinko.

La akcepto kiun Aleksej Navalnij renkontis ĉe Jabloko estas kvazaŭ simbola bildo de lia tuta interrilato kun la opoziciaj aktivuloj de la pli frua generacio kaj iliaj organizaĵoj. Navalnij volas purigi, ordigi kaj elĵeti fatrason – foje prave, foje ne – dum la malnovaj aktivuloj sin demandas, kiu li vere estas kaj kion li volas. Ĉu li estis sendita por krei problemojn? Ĉu li volas uzi la malnovajn organizaĵojn por propra gajno, politika aŭ ekonomia? Aleksej Navalnij tamen iĝis unue kampanja ĉefo kaj poste buroa ĉefo de la Moskva sekcio de Jabloko. Li restis ankaŭ post la katastrofa parlamenta balotado en 2003, kiam la partio falis sub la decida sojlo de kvin procentoj el la voĉoj, kaj multaj forlasis la sinkantan ŝipon. Post kiam li estis eksigita el la partio en 2007 – formale pro "naciismo" sed supozeble samgrade ĉar li estis en konflikto kun la partia gvidantaro kaj Grigorij Javlinskij persone – Navalnij agadis ĉefe ekster establitaj politikaj organizaĵoj. Ĉiuj liaj provoj mem fondi politikan partion estis haltigitaj de la aŭtoritatoj.

* * *

Julija Abrosimova kaj Aleksej Navalnij renkontiĝis dum libertempa vojaĝo en Turkio en 1998. En la sama jaro ili ambaŭ iĝis 22-jaraj. La gepatroj malkonsilis al Aleksej la vojaĝon, ili opiniis, ke li prefere intense studu antaŭ la fina ekzameno de la jurista eduko, sed li tamen veturis. La juna paro geedziĝis post du jaroj. La filino Darja naskiĝis en 2001 kaj la filo Zaĥar en 2008.

Julija Navalnaja – tiel ŝi nomiĝas post la edziniĝo – naskiĝis en Moskvo la 24-an de julio 1976. Ŝia patrino estis oficisto en la sovetia ministerio de malpeza industrio. La patro estis sciencisto, sed la gepatroj disiĝis kiam Julija estis en la kvina klaso. Post la lernejo ŝi studis ekonomion kaj dum kelkaj jaroj ŝi laboris en banko. Ekde la naskiĝo de Zaĥar ŝi estas hejmedzino.

Julija Navalnaja dividas la politikajn opiniojn de sia edzo – aŭ se estas diferenco, do ŝi pli radikale kritikas la potenculojn, laŭ Aleksej Navalnij. Sed se tiel, la kialo estas ke ŝi ne estas politikisto kaj ĉefe diskutas politikon hejme, kie ŝi ne bezonas pesi ĉiun vorton per oraĵista pesilo. Tiel ŝi mem klarigis la diferencon en intervjuo donita al la periodaĵo *Harper's Bazaar* en januaro 2021. Ŝi diris ankaŭ, ke ŝi ne havas personajn politikajn ambiciojn, sed komplete apogas la agadon de Aleksej, spite ĉiujn problemojn al kiuj ĝi kondukas. Kaj resti eksterlande estus tute neeble, ankaŭ post la venenado, ŝi klarigis en la sama intervjuo.

– Ne temas pri tio, ke mi oferus min. Mi ŝatas tion, kion li faras, mi opinias ke li pravas. Foje mi timas, post aŭgusto pli ofte. Sed li ne cedas, kaj ankaŭ mi tion ne faros. Tiuj, kiuj klopodas lin haltigi, estas ne bonaj homoj, kaj ili ne sukcesu. Tio estus malĝusta. Kaj mi admiras lin ne pro tio, ke li estas mia edzo, sed pro tio ke mi estas lia subtenanto, kaj ĉar mi pli bone ol iu alia scias, kiom ĉiuj ĉi jaroj kostis al li.

Ĝis 2016 la familio Navalnij loĝis en triĉambra apartamento kun areo de 78,5 kvadrataj metroj en sovetia apartamenta domego en la urboparto Marjino en Moskvo – kun paŭzo de kelkaj monatoj en 2009–2010, kiam ili loĝis en la urbo Kirov, 900 kilometrojn oriente de Moskvo, kaj plia paŭzo aŭtune de 2010, kiam ili troviĝis en New Haven en Connecticut, Usono. En Kirov Aleksej Navalnij laboris kun la poste enprizonigita guberniestro Nikita Beliĥ, en New Haven li partoprenis en la programo World Fellows de la universitato Yale.

La periodo ĉe Yale dum la aŭtuno de 2010 estis signifa por la evoluo de Navalnij kiel persono kaj politikisto. La fama ekonomikisto Sergej Gurijev konvinkis lin kandidati por la prestiĝa programo World Fellows, kie kutime estas cent kandidatoj por ĉiu loko. Oni atendas ke la partoprenantoj havu specialan talenton por kritika, krea kaj strategia pensado, ke ili estu laborantaj por "pli bona socio" loke, nacie aŭ tutmonde, kaj ili havu "potencialon por kariero en gvidado kaj por tutmonda influo". Navalnij estis rekomendita, krom de Gurijev, interalie de la eksa monda ĉampiono pri ŝako, Garri Kasparov. Navalnij prezentis sian laboron kontraŭ koruptado en Rusio kaj estis akceptita.

Dum la monatoj en Usono Navalnij studis juron kaj gvidadon de entreprenoj, li partoprenis en renkontiĝoj kun pintaj sciencistoj, politikistoj kaj ĵurnalistoj, li rakontis pri sia laboro en Rusio dum rondtablaj diskutoj kaj propraj prezentadoj. Li konvinkiĝis, ke la problemoj kaj defioj de Rusio ne estas unikaj, kaj ke por multaj el ili jam ekzistas elprovitaj solvoj. Tial estas grave por studentoj partopreni en internaciaj interŝanĝoj, li diris en la intervju-libro kiu aperis la jaron post lia restado en Usono:

– Ja ĝuste en tio kuŝas la problemo de la periferio, ke se oni ne forveturas de tie, oni ne komprenas, kiel provinca oni mem estas. Estas tute en ordo esti provinca, eĉ estas en ordo ne esti konkurkapabla, se nur vi mem kontentas pri tio kaj se ne gravas al vi, kio okazas ĉirkaŭe. Sed al ni ja gravas, ni ja ne volas esti pli malbonaj ol aliaj, ni havas ambiciojn. Ekzistas nenio pli ridinda ol ambicioj fonditaj nur sur senbaza fiero. Sed ĝuste tiel aspektas nia eduka sistemo.

En Rusio komentantoj fidelaj al Kremlo atendeble trovis la studojn de Navalnij en Usono pruvo pri tio, ke li ja estas eksterlanda agento.

Sian plej grandan politikan sukceson ĝis nun li havis en la urbestra balotado en Moskvo aŭtune de 2013. La rea enkonduko de la urbestra elekto estis unu el la malgrandaj koncedoj kiujn la potenculoj faris lige kun la protesta ondo de 2011. Dum ĝi Navalnij havis elstaran rolon, interalie kiel unu el la estroj de la kunordiga konsilantaro de la opozicio.

Post la protesta ondo la potenculoj evidente vere ne sciis, kion ili faru pri Navalnij. Kiam provizoraj arestoj, kotoĵetado en la ŝtata televido kaj traserĉoj en la hejmo, en la oficejo kaj ĉe la gepatroj ne sufiĉis por timigi lin al silento, oni fine surbaze de elpensitaj akuzoj kondamnis lin al kvinjara malliberigo – pro "defraŭdo de lignaĵo". En la sekva tago li, post protestoj, je ĉies surprizo estis liberigita, kaj oni permesis al li partopreni en la urbestra elekto. La potenculoj supozeble konkludis, ke ne aspektus bone, se la plej forta kandidato de la opozicio restus malliberigita dum la urbestra baloto – kaj ke jen aperis perfekta ŝanco montri, kiel marĝenan subtenon efektive havas la opozicio. Sed jen surprizo – Navalnij ricevis 27 procentojn el la voĉoj kaj preskaŭ sukcesis eldevigi duan raŭndon de balotado. Post tio oni neniam plu permesis al li partopreni en balotado, formale surbaze de tio, ke li estas juĝita pro ekonomia delikto.

* * *

Navalnij komencis sian kampanjon kontraŭ korupto iĝante minoritata akciulo en kelkaj duonŝtataj grandentreprenoj, kies akcioj estas vendataj en la borso. Kiel akciulo li povis havigi al si aliron al informoj pri la funkciado de la entreprenoj kaj fari ĝenajn demandojn. Inter liaj fruaj sukcesoj estis la rivelo pri la aĉeto de granda kvanto de bor-aparategoj, kiun faris lizinga entrepreno, posedata de la banko VTB, kiu siavice havas proksimajn ligojn al Kremlo. La aĉeto okazis tra misteraj perantoj, kiuj gajnis enormajn sumojn farante nenion. Kien iris la mono oni povas nur diveni, sed kio okazis pri la bor-aparatoj, tion Navalnij povis malkaŝi en sia blogo. Ili kuŝis neuzataj en kampo en orienta Siberio. Navalnij veturis tien en la aŭtuno de 2009 kaj ĉion dokumentis per sia kamerao. Ĝuste tiu publikaĵo igis lin tutlande konata politikisto.

La sekva granda sukceso okazis en decembro 2010, kiam li helpe de amasfinancado fondis sian unuan grandan retan projekton kontraŭ korupto, Rospil. La projekto superis ĉiujn atendojn kaj ricevis internacian atenton.

La tiama malforta prezidento Dmitrij Medvedev dum sia tempo en Kremlo multe parolis pri batalo kontraŭ korupto, sed ne multon li realigis. Unu aferon li tamen fakte faris: la tuto de la malfermaj konkursoj pri ŝtataj mendoj estis enretigita. Ĵurnalistoj kaj blogantoj ekde tiam povis malkaŝi multajn absurdajn ekzemplojn el la datenbazo de mendokonkursoj – ekzemple la necesejajn brosojn por po 300 eŭroj, kiujn la guberniestro de Sankt-Peterburgo, Valentina Matvijenko, opiniis... necesaj.

La ideon sistemigi la tuton ekhavis Navalnij.

Ĉio komenciĝis, kiam iu sugestis al li esplori evidente manipulitan mendokonkurson. La ministerio de sano mendis novan retejon, kiu estu pretigita ene de 16 tagoj kontraŭ la prezo de 55 milionoj da rubloj (tiutempe proksimume 1,4 milionoj da eŭroj). Navalnij skribis pri la stranga konkurso en sia blogo kaj konkludis, ke la subaĉeto evidente jam estis farita kaj la taŭga liveranto elektita. Li proponis al siaj legantoj, ke ili denuncu la falsan konkurson al FAS (Federacia Kontraŭmonopola Servo). En la sekva tago, kiam jam alvenis pli ol 1 600 denuncoj, FAS telefonvokis Navalnij kaj diris, ke pli da denuncoj ne necesas, la konkurso jam estas esplorata. Poste la ministerio de sano interrompis la suspektindan konkurson.

Navalnij kaj liaj kunlaborantoj ne haltis tie, sed elfosis pli da aranĝitaj konkursoj en la sama sekcio de la ministerio. Ankaŭ tiuj estis interrompitaj, kaj fine respondeca oficisto estis eksigita. La sukceso tamen kaŭzis, ke Navalnij ekdronis en leteroj pri ĉiam pliaj aranĝitaj konkursoj. Fine li decidis kolekti monon por nova projekto, kiu ricevis la nomon Rospil. La nomo devenas de la populara esprimo *pilit bjudĵet*, segi la buĝeton, kiu aludas al la fakto, ke ofte ĉiuj en la proksimeco forsegas kaj enpoŝigas eron el la buĝeta mono, tiel ke fine malmulto restas por la efektiva celo.

La kampanjo superis la atendojn. Ĝis tiam neniu kredis, ke amasfinancado entute povus funkcii en Rusio, sed evidente multaj fidis al Navalnij.

– La minimuma celo estis kolekti tri milionojn da rubloj dum unu jaro. Plej bonkaze ni esperis ricevi kvin milionojn. Sed tiujn kvin milionojn ni kolektis jam dum la unuaj tri semajnoj. Kiam ni atingis sep milionojn, mi haltigis la kolekton, ĉar pli ol tiom ni ne sukcesus utiligi. Mi mem surpriziĝis, rakontis Navalnij en interjvuo unu jaron poste.

La mono estis uzita por dungi juristojn kaj aliajn spertulojn kiuj povis pli profunde esplori la koruptadon, kaj la sukcesa amasfinancada kampanjo kreis la fundamenton de la kontraŭkorupta fondaĵo FBK, kiun Navalnij starigis en 2011.

Li mem ne ricevas salajron de FBK, sed vivtenas sin per sia jurista laboro. Se kompari lin kun la politikistoj, kies korupton li esploras, li estas malriĉulo. Kiam la familio en 2016 bezonis pli grandan loĝejon, ne eblis aĉeti tian, ĉar neniu rusia banko volis doni al Navalnij hipotekan krediton. Necesis lui.

Ja eblas kompreni, ke rusiaj bankoj ne volas pruntedoni monon al Navalnij, se konsideri kiel la aŭtoritatoj kaj la amikoj de Putin lin persekutas. La malnova apartamento en Marjino estas sekvestrita kaj ne povas esti vendita. Tie loĝas la frato de Aleksej, Oleg, de kiam li post 3,5 jaroj estis liberigita el la prizono en junio 2018. La sekvestro okazis kiam Aleksej Navalnij estis trovita kulpa pri kalumnio kontraŭ Jevgenij Prigoĵin, unu el la amikoj de Putin. La juran proceson siavice kaŭzis la esploro de FBK pri la profitaj negocoj de Prigoĵin per liveroj al la lernejaj manĝejoj en Moskvo.

*　*　*

La 2-an de septembro 2020 la registaro de Germanio anoncis, ke specialista laboratorio de la germania armeo trovis nerefuteblajn pruvojn, laŭ kiuj Aleksej Navalnij efektive estis venenita per nervoveneno de la tipo Noviĉok. La registaro de Germanio esprimis sian konsternon pri la uzo de nervoveneno, promesis informi la ambasadoron de Rusio pri la rezultoj de la esploro, kaj postulis ke la registaro de Rusio senprokraste esprimu sian sintenon al la okazaĵo. Germanio krome decidis turni sin al OPCW, Organizaĵo por la malpermeso de kemiaj armiloj, kiu tuj sendis siajn specialistojn al Berlino por preni sango- kaj urino-specimenojn de Navalnij. La specimenoj estis senditaj al du specialigitaj laboratorioj, kiuj ambaŭ povis konfirmi spurojn de substancoj el la grupo Noviĉok. La registaro de Germanio krome sendis apartajn specimenojn al laboratorioj en Francio kaj Svedio, kiuj same konkludis.

La reago de Rusio al tiuj rezultoj venis nur post sep monatoj, kiam la ĉefo de la sveda laboratorio estis inter ok civitanoj de EU, kontraŭ kiuj Rusio direktis personajn sankciojn.

La 7-an de septembro 2020, iom pli ol du semajnojn post la alveno de Navalnij al Berlino, la hospitalo anoncis ke li estas rekonsciiĝanta kaj reagas al alparolo.

Komence li suferis de strangaj halucinoj. En kelkaj tagoj li estis tute konvinkita, ke li trapasis teruran akcidenton kaj ke japana profesoro preparas por li novajn gambojn kaj novan vertebraron. Poste li komencis kompreni, ke apud li en la hospitalo troviĝas Julija. Dum iu periodo li kredis, ke li estas fermita en ĉelo kie li ripete devas respondi al demandoj pri la reguloj de la prizono. La demandoj estis farataj en formo de strofoj el la muzikaĵoj de la psikedela hiphopa grupo Krovostok, kaj li ne rajtis dormi antaŭ ol li respondos ĝuste. Iun fojon li petis ke Julija ŝtelu la pistolon de la kuracisto por ke ili povu fuĝi.

Ĉiuj timis ke li havas nekuraceblajn lezojn, ĝis li subite reagis neatendite adekvate. Tio okazis, kiam Leonid Volkov, la ĉefo de FBK, provis klarigi ke li kredeble estis venenita per Noviĉok:

– Kia infera merdo okazas ĉi tie? – li murmuris.

La krudaj rusaj sakraĵoj konvinkis Volkov, ke la iama Navalnij revenas.

La 14-an de septembro oni anoncis, ke li povas spiri memstare kaj mallonge forlasi la liton. La 15-an de septembro li publikigis sian unuan afiŝon en Instagram post la venenado. En la foto li sidas krucgambe en sia hospitala lito, ĉirkaŭata de sia tuta familio. Ĉiuj rigardas al la fotilo.

Saluton, jen Navalnij! Mi sopiris al vi. Mi ankoraŭ kapablas preskaŭ nenion, sed hieraŭ mi fakte sukcesis spiri memstare la tutan tagon. Tute memstare. Neniu ekstera helpo, mi eĉ ne uzis la valveton en la gorĝo. Mi vere ŝatis tion. Mirinda proceduro kiujn multaj ne scias aprezi. Mi rekomendas.

Post kelkaj tagoj li publikigis plian foton, en kiu li estas iranta suben laŭ ŝtuparo. Li rakontis, ke li nun ne nur komprenas, kio estas ŝtuparo – male ol tuj post la vekiĝo – sed eĉ kapablas iri laŭ ĝi. En tiu tempo li ankaŭ ricevis sekretan viziton de la federacia kanceliero Angela Merkel en la hospitalo. Li rakontis pri la vizito en intervjuo farita de la rusa videoblogisto Jurij Dud komence de oktobro 2020. Navalnij ricevis nenian antaŭaverton pri la vizito, la kuracisto simple enrigardis kaj diris, ke baldaŭ venos gasto. Tiam ĉeestis ankaŭ Julija kaj la filo Zaĥar.

– La unua afero pri kio mi pensis, kiam ŝi eniris, estis per kio mi estas vestita. Ja estis en la hospitalo, mi estis bonŝanca entute havi vestaĵojn. Estis privata vizito, ĉiuj familianoj parolis kun ŝi, ne temis pri politika diskuto. Sed mi estis trafita de tio, kiel bone ŝi konas ĉiujn eblajn detalojn kaj kiel bone ŝi komprenas, kio okazas en Rusio. Kaj ĉio tio en la rusa. Angela Merkel eniras kaj komencas paroli ruse, iom oni ja surpriziĝas. Poste ni transiris al la angla, sed ŝi certe same bone povus daŭrigi en la rusa. Kiam oni parolas kun ŝi, oni komprenas, kial ŝi estas unu el la ĉefaj politikistoj en Eŭropo.

La 21-an de septembro, la lastan tagon en la hospitalo, Aleksej Navalnij publikigis en Instagram foton de li mem kaj Julija, kun longa amdeklaro al ŝi:

La 26-an de aŭgusto mi kaj Julija havis nian datrevenon, 20 jarojn post la nupto, sed mi fakte ĝojas ke mi maltrafis ĝin kaj povas skribi ĉi tion hodiaŭ, nun mi scias multe pli pri amo ol antaŭ monato.

Vi ja certe vidis ĉi tiajn aferojn centojn da fojoj en filmoj kaj legis en libroj: unu amanta homo kuŝas en komato kaj la alia revekas tiun al la vivo per siaj amo kaj konstanta prizorgo. Ni evidente same faris. Laŭ la reguloj de klasikaj filmoj pri amo kaj komato. Mi dormis, dormis kaj dormis. Julija venadis al mi fojon post fojo, parolis kun mi, kantis al mi kantetojn, ŝaltis muzikon. Mi ne mensogu: mi nenion memoras.

Sed mi rakontu tion, kion mi mem memoras. Aŭ oni eĉ apenaŭ povas nomi tion memori, prefere temas pri aro de miaj unuaj sentoj kaj impresoj. Sed ili gravis tiom, ke ili nun por ĉiam estas fiksitaj en mia kapo. Mi kuŝas. Mi jam estis vekita el la komato, sed mi neniun rekonas, mi ne komprenas kio okazas. Mi ne parolas, mi ne scias, kio estas paroli. Mia tuta tempopasigo konsistas el atendo de Ŝia alveno. Mi ne scias, kiu ŝi estas, nek kiel ŝi aspektas. Eĉ se mi sukcesas ion vidi per mia senfokusa rigardo, mi ne kapablas reteni la bildon, kiun mi vidas. Sed Ŝi estas alia, tion mi komprenas, kaj ŝi iĝas la ĉefpersono en la ĉambro. Ŝi tiel komforte rearanĝas mian kusenon. Ŝi ne havas tiun silentan tonon de kunsuferado. Ŝi parolas ĝoje kaj ridas. Ŝi rakontas al mi ion. Kiam ŝi estas tie, la idiotaj halucinoj malaperas. Kun ŝi ĉio bonas. Jen ŝi foriras, mi iĝas malĝoja kaj denove komencas ŝin atendi.

Mi ne dubas eĉ sekundon ke ja ekzistas ia scienca klarigo de ĉio ĉi. Eble mi rekonis la voĉon de mia edzino, la cerbo donis al mi dopaminon, mi ekfartis pli bone. Ĉiu vizito tute laŭlitere iĝis kuraca, kaj mia atendo fortigis la dopaminan premion. Sed kiel ajn bone sonas la science medicina klarigo, mi nun laŭ mia propra sperto scias: amo kuracas kaj revekas al la vivo. Julija, vi min savis, kaj tion oni skribu en la lernolibroj pri neŭrobiologio.

La 22-an de septembro 2020 Aleksej Navalnij povis forlasi la hospitalon kaj kune kun la familio provizore ekloĝi en luita apartamento en Berlino. Poste la familio ekloĝis en vilao en la vilaĝo Ibach proksime al la limo de Svisio, kie Navalnij plu reakiradis siajn fortojn kaj trejnis siajn muskolojn. Li estis plu gardata de la polico dum sia tuta restado en Germanio.

Torturo kaj perforto fare de reprezentantoj de la krimesploraj aŭtoritatoj okazadas. Atakoj kontraŭ defendantoj de homaj rajtoj kaj kontraŭ opoziciuloj ofte restas nepunataj.

(El raporto de la svedia ministerio de eksterlandaj aferoj pri homaj rajtoj, demokratio kaj principoj de la juroŝtato en Rusio, decembro 2019)

❖

6. Mi telefonis al mia murdinto

La 14-an de decembro 2020, 07.27 Moskva horo

Navalnij: Ĉu ni resumu la tuton? Alivorte, ĉi tiu ulo transvivis, ĉar oni tro frue surteriĝis, tiu estas la ĉefa kialo?

FSB-agento: Tion mi kredas. Se daŭrus iom pli longe, eble la afero finiĝus alimaniere.

"Mi telefonis al mia murdinto. Li konfesis." Tiu estas la titolo de video, kiun Aleksej Navalnij afiŝis en sia kanalo en Youtube la 21-an de decembro 2020. Frumatene lunde la 14-an de decembro Navalnij sukcesis telefonparoli kun Konstantin Kudrjavcev, unu el la venen-specialistoj de FSB kiuj partoprenis en la provo murdi lin. Navalnij sukcesis kredigi al Kudrjavcev, ke li estas gravulo en la hierarkio de la nacia sekurec-konsilio kaj urĝe bezonas informojn por povi kompili raporton.

Navalnij sonas tre konvinke en la rolo de iom iritita mezranga ĉefo kiu fajfas pri la komplikaj sekurecaj protokoloj, ĉar li rapide bezonas kolekti ĉiujn necesajn informerojn. Samtempe lia voĉo estas tre facile rekonebla por tiu, kiu pli frue aŭdis lin paroli, sed Kudrjavcev estis kaptita senaverte kaj eĉ pli konfuziĝis, kiam Navalnij komprenigis al li, ke la raporton bezonas la prezidento mem:

– Vi ja mem komprenas, kiu bezonas mian dupaĝan raporton. Mi ne menciu nomojn ĉi tie, sed mi ja ne vokus vin je la sepa horo matene, kaj mi ja ne vokus Bogdanov je la sepa horo matene, se ne estus urĝa afero. Jen kio estas notita ĉe mi: "Kudrjavcev: opinias

tion kaj jenon, kial oni malsukcesis, kio misiris, kaj kio necesas por ke oni sukcesu."

Kudrjavcev provas kontraŭdiri, memorigas ke lin ligas reguloj pri sekreteco, ke li estas hejme pro kronvirusa malsano kaj ne havas la necesajn dokumentojn, sed per sia senrespekta konduto kaj menciante nomojn, kiuj devus esti konataj nur por la sekurservo, Navalnij sukcesas konvinki Kudrjavcev, ke estas tute en ordo diskuti la provon de murdo per nesekura telefonlinio: ĉio ja estas aprobita de la estroj.

Navalnij: Konstantin Borisoviĉ?

Kudrjavcev: Jes.

Navalnij: Mi nomiĝas Maksim Sergejeviĉ Ustinov. Mi estas asistanto de Nikolaj Platonoviĉ Patruŝev. Mi ricevis vian numeron de Vladimir Miĥajloviĉ Bogdanov. Pardonu ke mi vokas tiel frue, sed mi bezonas dek minutojn de via tempo, la afero ege gravas.

/.../

Navalnij: ... kial do oni malsukcesis? Kion oni faru estonte, por ke tiel ne plu okazu?

Kudrjavcev: Baf ... Vi ja scias, en nia laboro ĉiam estas multaj demandoj kaj nuancoj, ni ĉiam klopodas konsideri ĉion por eviti malsukcesojn kaj tiel plu, vi ja komprenas, ĉu ne?

Navalnij: Mi komprenas.

Kudrjavcev: Ĉi tio estis funde esplorita, tio estas mia opinio. Almenaŭ, speciale se konsideri, hm, tion, kio pli frue estis farita. Sed ĉiam estas nuancoj, en ĉiuj profesioj estas nuancoj. La tuta situacio iĝis kvazaŭ, unuflanke ... kiel oni diru, mi ne scias ...

Navalnij: Kaj?

Kudrjavcev: Nu, ankaŭ mi pensis ke povus ... Ili surteriĝis tie, vi ja mem komprenas, ili flugis sed elektis surteriĝi, la cirkonstancoj evoluis, se tiel diri, ne favore al ni. Iom pli, kaj la situacio povus iĝi alia.

Navalnij: Iom pli da kio, Konstantin Borisoviĉ?

Kudrjavcev: Flugi.

Navalnij: Se ili flugus pli longe?

Kudrjavcev: Jes, povas esti. Se ili flugus iom pli longe, se ili ne surteriĝus tiel subite kaj tiel plu, tiam eblas ke okazus alimaniere. Se la ambulancaj kuracistoj ne laborus tiel rapide ĉe la aviadilo kaj tiel plu.

Ne eblas, ke dungito en FSB agus tiel neprofesiece, asertas la Kremlemaj skeptikuloj, kiuj kredas la tutan telefonan interparolon elpensaĵo. Same faras FSB oficiale. Sed ial la rusiaj aŭtoritatoj ne volas pruvi la aserton, igante Kudrjavcev doni intervjuon kaj klarigi, ke li neniam parolis kun Navalnij en telefono nek purigis lian venenitan kalsonon.

Tiel oni faris pasintfoje, kiam la rusiaj sekretaj agentoj "Petrov" kaj "Boŝirov" estis malkaŝitaj kiel kulpuloj de la provo de murdo de la renegata agento Sergej Skripal en Britio. Post publika instigo de Vladimir Putin, la du "turistoj" donis strangan televidan intervjuon, en kiu ili klarigis, ke ili tute ne estas sekretaj agentoj kun murd-ordono, sed simple veturis al Salisbury por rigardi la mondfaman turon de la katedralo. Ili devis veturi tien du tagojn sinsekve, ĉar en la unua tago tiom neĝis, ili asertis. Sed ne neĝis, la viroj vere havas tute aliajn nomojn, kaj ili estis filmataj proksime al la domo de Sergej Skripal tuj antaŭ la venen-atako.

Eble tiu sperto kaŭzis, ke la rusiaj aŭtoritatoj ĉi-foje decidis ne fidi la ĉarmon de siaj venenmurdistoj, sed kaŝis ilin de la publika rigardo.

Kiam la video kun la telefonvoko estis publikigita en Youtube la 21-an de decembro, Ljubov Sobol, kolego de Aleksej Navalnij, jam atendis ekster la pordo de Kudrjavcev ĉe strato Suzdal 38 en ne tre luksa urboparto en orienta Moskvo. Kudrjavcev ne malfermis, sed tion fine faris lia bopatrino, kiu loĝas en la apuda unuĉambra apartamento kun areo de 39 kvadrataj metroj. Sobol enrigardis por vidi, ĉu la venen-specialisto Kudrjavcev troviĝas tie – kaj tuj poste estis kaptita de la polico pro "kontraŭleĝa entrudiĝo". Kaj ja ne estas bele trudi sin en loĝejon de fremda homo por serĉi venenmurdiston, sed multe malpli belas provi murdi homon per kemia armilo. La laste menciita krimo daŭre ne estas esplorata de la aŭtoritatoj en Rusio – male ol la entrudiĝo, pro kiu Sobol en aprilo 2021 ricevis kondiĉan punon.

Laŭ la registro de nemoveblaĵoj Kudrjavcev sukcesis aĉeti la malgrandan najbaran apartamenton la 28-an de oktobro 2020, du monatojn post kiam li estis en Omsk por partopreni en la puriga operacio post la sensukcesa provo de murdo. Li eble ricevis gratifikon por sia parto en la laboro? Nu, pri la deveno de la mono eblas nur spekulacii, sed ja evidentas, ke Konstantin Kudrjavcev estas venen-specialisto ĉe FSB kaj veturis al Omsk dufoje por purigi la konfiskitajn vestaĵojn de Navalnij. Per la telefonvoko Navalnij aldonis la lastajn detalojn al la sensacia esploro de Bellingcat – aro de ĵurnalistoj, blogantoj kaj esploristoj, kiuj elfosis detalajn informojn pri la flugvojaĝoj kaj telefonvokoj de FSB-agentoj, faritaj lige kun la provo de murdo.

Kudrjavcev estis la sola el pluraj FSB-agentoj, kiujn Navalnij sukcesis trompe paroligi tiel longe. Navalnij kunlaboris kun Bellingcat dum la lasta fazo de la ampleksa esploro, kaj ĉar Bellingcat havis telefonnumerojn de pluraj el la koncernaj agentoj, li petis permeson voki laŭeble multajn el ili antaŭ la publikigo de la informoj – ja evidentis, ke la koncernaj homoj ĉesos respondi kiam iĝos konate, ke iliaj personaj informoj estis malkaŝitaj.

La vokoj estis faritaj el Germanio, per aplikaĵo kiu ebligas ŝanĝi la montratan numeron de la telefonanto. La aplikaĵo estis agordita tiel, ke la vokoj ŝajnis veni el Moskva fiksa telefono de FSB, numero, el kiu la FSB-agentoj pli frue regule ricevis vokojn. En la unuaj interparoloj Aleksej Navalnij prezentis sin per sia vera nomo kaj demandis, kial la agentoj provis lin murdi. La plej multaj tuj fermis la linion. Unu diris, ke li ne povas paroli, ĉar li havas la kronvirusan malsanon.

En la lastaj du vokoj Navalnij decidis ŝajnigi sin elpensita persono: "Maksim Ustinov", sekretario de la konsilio de nacia sekureco, estrata de Putin mem.

La unua provo ne sukcesis: la FSB-agento Miĥail Ŝvec, kiu sekvis Navalnij dum lia vojaĝo al Kaliningrado en julio 2020, tuj rekonis lian voĉon.

– Mi scias precize, kiu vi estas, li diris, kaj finis la vokon.

Sed kiel ni vidis, la dua provo sukcesis des pli bone. Kvankam la voko daŭris 49 minutojn, Kudrjavcev nenion suspektis, eble ĉar li mem neniam estis proksime al Navalnij kaj evidente ankaŭ ne estas aktiva sekvanto de liaj programoj en Youtube.

La tasko de Kudrjavcev estis purigi la konfiskitajn vestaĵojn de Navalnij post la atenco, por ke ne eblu trovi ajnajn spurojn de kemia armilo. Dum la telefonvoko li malkaŝas, ke la veneno estis aplikita al la interna flanko de la boksista kalsono de Navalnij. Li proprainiciate rakontas, ke la detalojn konas Stanislav Makŝakov, ĉar tiu estris la operacion.

Kiel dirite, Kudrjavcev rankontas ankaŭ, ke la transvivo de Navalnij estis malsukceso. Sed ajnakaze ne ekzistas risko, ke restis spuroj de veneno en la vestaĵoj de Navalnij.

Navalnij: Kiun vestaĵon vi plej atente pritraktis? Kiu vestaĵo estis plej riska?

Kudrjavcev: La kalsono.

Navalnij: La kalsono?

Kudrjavcev: Kiamaniere riska?

Navalnij: Nu, kie povis esti la plej alta koncentriĝo?

Kudrjavcev: Jes, la kalsono.

Navalnij: Do, la kudraĵo sur la interna flanko, kontraŭ kio? Mi havas tutan vicon da demandoj pri ĉi tio, mi parolos pri ĉio ĉi kun Makŝakov, sed mi bezonas ankaŭ viajn informojn.

Kudrjavcev: Ni prilaboris la internan flankon. Jes, ĝi estis prilaborita.

Navalnij: Pensu, kiel aspektas kalsono. Kiu loko estis...

Kudrjavcev: La interna flanko, ĉe la ingveno.

Navalnij: Ĉe la ingveno en la kalsono?

Kudrjavcev: Nu, ĉe la fendo, kiel oni ĝin nomas. Tie estas kudraĵoj, tiujn ni devis...

* * *

Kiel Bellingcat povis scii, kiuj FSB-agentoj sekvis Navalnij dum lia vojaĝo, ricevi aliron al iliaj telefonnumeroj, kaj eĉ al detalaj listoj pri kie, kiam kaj kiel la telefonoj estis uzataj? La respondo estas, ke la rusia socio estas korupta, precize kiel diras Aleksej Navalnij.

Dum sia granda gazetara konferenco la 17-an de decembro 2020 Vladimir Putin diris, ke rusiaj sekurservoj kompreneble devas atente sekvi Navalnij, ĉar li tute evidente kunlaboras kun usona sekurservo. Ĉar ja devas esti ke de tie venas la informoj pri la FSB-agentoj. Interesa cirkla rezonado: ni devas gvati Navalnij, ĉar li scias, kiuj lin gvatas, ĉar tion li ne povus scii se li ne estus usona spiono. Tamen Putin ne klarigis kial ĝuste la spertuloj de FSB pri kemiaj armiloj sekvis Navalnij.

Post la gazetara konferenco la gazetara sekretario de Putin, Dmitrij Peskov, ricevis demandon pri tio, kial la rusia sekurservo ne povis malhelpi la venenadon de Navalnij, se ili tiel atente observis lin.

– Ne mia temo. Ĉu estas aliaj demandoj?

Tiam ankoraŭ ne estis publikigita la telefona interparolo kun Kudrjavcev, ĉar Bellingcat volis unue zorge kontroli ĉiujn novajn informojn, sed Putin jam konstatis, ke FSB evidente ne povis kulpi pri la provo de murdo, ĉar tiukaze la provo sukcesus.

La interparolo kun Kudrjavcev montras, ke la rusia sekurservo tute ne estas tiel senerara kiel Putin volas ŝajnigi, kaj la laboro de Bellingcat montras, ke oni tute ne bezonas eksterlandajn sekurservojn por malkaŝi la vojaĝojn kaj telefonvokojn de la venen-specialistoj de FSB – sufiĉas kontraŭleĝe likigitaj datumbazoj kaj vokprotokoloj, kiuj estas aĉeteblaj en la rusia nigra merkato.

La ampleksa esploro, kiun Bellingcat entreprenis kunlabore kun la rusia retejo *The Insider*, la usona *CNN* kaj la germana *Der Spiegel*, komenciĝis per serĉo en pasaĝera datumbazo por trovi nekonatajn personojn kiuj sekvis Navalnij dum liaj vojaĝoj. La hipotezo estis, ke agentoj de FSB evitus uzi la saman aviadilon kun Navalnij, por ne esti rekonitaj, kaj anstataŭe flugus el Moskvo pli frue kaj revenus tien pli malfrue. La esploristoj baldaŭ trovis iun "Aleksej Frolov", kiu flugis el Moskvo al Novosibirsk unu tagon antaŭ Navalnij kaj rezevis reflugon el Tomsk al Moskvo unu tagon post Navalnij, sed neniam uzis tiun bileton.

"Aleksej Frolov" evidente estis falsa nomo – la viro estis loĝ-registrita nenie, neniam deklaris siajn enspezojn al la impostejo, kaj ne posedis aŭton. Sed por la reflugo el Tomsk li rezervis bileton kune kun alia persono, kiu uzis sian veran nomon: Vladimir Panjajev. Tio malfermis la pordojn al torento da informoj. Baldaŭ evidentis, ke "Aleksej Frolov" efektive nomiĝas Aleksej Aleksandrov kaj estas parto de grupo el minimume sep personoj, kiuj en diversaj konsistoj sekvis Navalnij dum multaj vojaĝoj kaj laŭ ĉiuj indikoj estas dungitaj de FSB. Kelkaj en la grupo havis medicinan fonon, aliaj laboris pri kemiaj armiloj en la armeo, kaj pluraj havis sperton pri specialaj operacoj. Metadatumoj de multaj telefonvokoj ligis la anojn de la ĉirkaŭveturanta grupo kun kolonelo Stanislav Makŝakov – armea sciencisto laborinta en esplorinstituto kie kemiaj armiloj de la tipo Noviĉok estis evoluigataj. Kudrjavcev poste dum la telefonvoko konfirmis al Navalnij, ke ĝuste Makŝakov estris la tutan operacion.

Informoj el la datumaroj pri pasaĝeroj montras, ke la grupo komencis sekvi Navalnij plej malfrue la 16-an de januaro 2017, mona-ton post kiam li anoncis, ke li intencas kandidati en la prezidenta balotado en 2018. Du aŭ tri el la grupanoj sekvis Navalnij dum la plej multaj el liaj pli longaj kampanjaj vojaĝoj dum la prezidenta kampanjo. Dum la jaroj 2017–2020 la grupo faris entute 37 flug- aŭ trajnvojaĝojn al la samaj urboj kien veturis Navalnij. Tio apenaŭ povas esti hazardo. La sekretaj agentoj povis ŝanĝi identecon dum la vojaĝo kaj preskaŭ neniam uzis la saman aviadilon kiel Navalnij. Anstataŭe ili flugis per aviadilo de alia flugkompanio, de alia flughaveno en Moskvo, plej ofte iom pli frue ol Navalnij mem.

Oni ne prezentis dokumentojn, kiuj konfirmus, ke la agentoj gvatintaj kaj venenintaj Navalnij estas dungitaj de FSB, sed la indicoj estas tre fortaj. La viroj havas la ĝustan fonon, iu el ili loĝis en konstruaĵo, kie kutimas loĝi FSB-studentoj, kelkaj registris siajn aŭtojn ĉe adreso ligita al FSB, kaj antaŭ ĉio la datumoj de iliaj poŝtelefonoj montras, ke ili dum laborhoroj kutime troviĝas en certaj FSB-ejoj en Moskvo aŭ veturas inter tiuj.

La esploro de Bellingcat ŝajnas indiki, ke provo veneni Navalnij estis farita jam komence de julio 2020, unu monaton antaŭ la prezidenta balotado en Belorusio. Tio okazis, kiam Aleksej kaj Julija libertempis en Kaliningrado en la malnova germana banurbo Palmnicken, nuntempe nomata Jantarnij. Ilin sekvis tien tri FSB-agentoj: Aleksandrov, Panjajev kaj Ŝvec. Ĉiuj tri havis regulan telefonan kontakton kun la estro Makŝakov ĝis la forveturo el Moskvo, sed dum la foresto ili malŝaltis siajn ordinarajn poŝtelefonojn. Ili revenis al Moskvo kune, posttagmeze en la 5-a de julio, eble post kiam ili aplikis venenon al iu aĵo en la hotelĉambro de Aleksej kaj Julija.

La sekvan tagon la paro faris longan promenadon laŭ la marbordo. Post la promeno ili vizitis la hotelĉambron, kaj baldaŭ iris manĝi malfruan lunĉon. Subite Julija eksentis sin terure malsana, sed ŝi ne povis diri, pri kio temas. Ŝi havis neniun doloron kaj ne rekonis la simptomojn. Ŝi ekiris reen al la hotelo, sed devis sidiĝi sur benko por ripozi, kaj poste nur kun granda peno sukcesis leviĝi. Kiam Aleksej venis al la hotelo, ŝi kuŝiĝis por dormi, kaj en la mateno ŝi fartis pli bone. La simptomoj povus signifi, ke ŝi ricevis tre malgrandan dozon da Noviĉok aŭ da simila substanco.

La saman tagon, la 6-an de julio, la tri agentoj ĵus revenintaj el Kaliningrado havis densan telefonan kontakton kun sia ĉefo

Makŝakov. Li siavice parolis kun siaj ĉefoj, kaj en la posttagmezo general-majoro Vladimir Bogdanov mem flugis al Kaliningrado.

Bogdanov – la ĉefo de la "Sekcio por speciala tekniko" ĉe FSB – pasigis plurajn tagojn en Kaliningrado kaj plu havis telefonan kontakton kun Makŝakov. Oni povus supozi, ke la celo de la vizito estis esplori la cirkonstancojn de la malsukcesa provo veneni Navalnij. Povas esti, ke ĝuste tion celis Konstantin Kudrjavcev, kiam li en la telefona interparolo kun Navalnij diris: "Ĉi tio estis funde esplorita, tio estas mia opinio. Almenaŭ, speciale se konsideri, hm, tion, kio pli frue estis farita."

La sekvan provon oni komencis prepari merkrede la 12-an de aŭgusto. En tiu tago la plej proksimaj kunlaborantoj de Navalnij kunvenis en la oficejo de la kontraŭkorupta fondaĵo FBK en Moskvo por diskuti la sekvan vojaĝon, kies celo estu Novosibirsk kaj Tomsk. Unu el la kunlaborantoj krome jam aĉetis bileton al Novosibirsk. La reveturajn biletojn el Tomsk oni aĉetis nur poste, por ne konigi la vojaĝplanon sen neceso.

La tri FSB-agentoj Aleksandrov, Osipov kaj Panjajev aĉetis siajn flugbiletojn al Novosibirsk en la sama tago. Je 09.05 la sekvan tagon, la 13-an de aŭgusto, ili flugis al Novosibirsk el la flughaveno Ŝeremetjevo norde de Moskvo. Du el ili veturis sub falsa identeco.

Registraĵoj el kaŝita kamerao, poste transdonitaj al la Kremlema televidkanalo *NTV*, montras, ke en la posta mateno iu gvatis Marija Pevĉiĥ, kunlaboranton de Navalnij, kiam ŝi forveturis de sia hejmo al la flughaveno Domodedovo sude de Moskvo. De tie ŝi flugis al Novosibirsk je 11.20. La filmoj esis uzataj en provo de kotoĵetado kontraŭ ŝi, sed antaŭ ĉio ili pruvas, ke la sekurservo proksime observis la ĉirkaŭaĵon de Navalnij.

La agentoj de FSB malŝaltis siajn kutimajn poŝtelefonojn kiam ili forlasis Moskvon kaj komencis sian operacon. Tial ni ne scias precize, kiel ili sin movis dum la vojaĝo, sed iom ni ja scias. Kiel la venen-specialisto Kudrjavcev saĝe atentigis en sia interparolo kun Navalnij, ĉiam ekzistas la risko ke aferoj okazos ne precize laŭplane. Okazas eraroj. Al agento Aleksandrov tiaj okazis dufoje dum la restado en Siberio.

La unuan eraron li faris en Novosibirsk la 14-an de aŭgusto je 15.34 laŭ la loka horo. Tiam li ŝaltis sian kutiman telefonon dum momenteto, eble por serĉi telefonnumeron. Tio sufiĉis, por ke la telefono ekhavu kontakton kun baza stacio en la proksimeco kaj malkaŝu lian proksimuman situon. La baza stacio troviĝis ĉe Prospekt Dimitrova 2 en la sudokcidenta parto de centra Novosibirsk – proksime al la hotelo, kie Marija Pevĉiĥ rezervis ĉambron, kaj ne tre distance de alia hotelo, kie Navalnij kaj la cetero de la grupo el Moskvo registriĝos pli malfrue dum la sama tago.

* * *

Sed tiel precizajn informojn pri tio, kie agento de FSB uzis sian telefonon, ja apenaŭ povas ricevi ajna privatulo? Ĉu ne tio ne tamen signifas, ke Bellingcat efektive estas fasada organizaĵo por okcidentaj sekurservoj, precize kiel asertas Vladimir Putin?

Evidente ne eblas ekskludi, ke iu okcidenta sekurservo povis havi deziron konigi informojn al Bellingcat, sed tute eblas, ke la organizaĵo simple aĉetis la datumojn en la nigra merkato, kiel ĝi mem diras. Rusio estas lando, kie leĝoj kaj reguloj estas aplikataj tre elekte, kaj kie mono ofte estas bona maniero ĉirkaŭiri nenecesajn barojn. "Se vi ĝin gardas, vi ĝin regas", oni kutimis diri dum la sovetia tempo. Dungitoj en ŝtataj entreprenoj prenis en la laborejo kion ili bezonis, dungitoj en butikoj flankenmetis deziratajn varojn por vendi ilin de sub la tablo por propra gajno. Io, kion oni nuntempe aparte facile povas kaŝe vendi, estas datumoj – ili ja restas en sia loko eĉ se iu alia ricevis kopion. Tial grandaj datumbazoj kun enormaj kvantoj de personaj informoj, ankaŭ informoj kiuj tute ne devus esti haveblaj al eksteruloj, ofte relative facile aĉeteblas en la rusia nigra merkato.

Eĉ pli detalaj kaj aktualaj informoj, kiuj ne jam troveblas en prete disponeblaj datumbazoj, estas mendeblaj pere de kontraŭleĝaj datum-makleristoj. Tiuj siavice aĉetas la datumojn ĉe malbone pagataj dungitoj, kiuj havas aliron al la datumbazoj ĉe telefonkompanioj, ĉe bankoj, eĉ ĉe la polico. Ili ricevas pagon por la risko – kaj foje ili estas kaptitaj, speciale se la aŭtoritatoj ekscias pri specifa liko. Post kiam Bellingcat publikigis sian esploron, kontraŭ almenaŭ du policanoj – unu en Samara, unu en Sankt-Peterburgo – estis komencita krimesploro pro suspektita datumliko ligita al la kazo de Navalnij.

Evidente eblas opinii, ke estas morale suspektinde pagi por datumoj havigitaj en krima maniero, sed konsiderante kian puzlon Bellingcat sukcesis kunmeti, ne multaj emus kulpigi la organizaĵon. Efektive mankas datumoj pri tio, kie la tri FSB-agentoj trovis sin dum la operacio meze de aŭgusto 2020, sed tio, kion ni ja scias, indikas, ke iu aŭ iuj el ili vespere de la 19-a de aŭgusto 2020 eniris la ĉambron 239 en hotelo Xander en Tomsk kaj venenis la kalsonon de Navalnij, dum Navalnij mem estis ekster la urbo, en Kaftanĉikovo, kaj naĝis en la rivero Tom.

Kiel dirite, ni scias preskaŭ nenion pri la komunikado de la surlokaj agentoj dum la operacio, ĉar ili tiam ne uzis siajn ordinarajn poŝtelefonojn. Tamen tiu parto de la Navalnij-grupo de FSB, kiu restis en Moskvo, komunikis intense ĉirkaŭ la tempo kiam Navalnij revenis al la hotelo vespere de la 19-a de aŭgusto. Inter 00.08 kaj 00.44 laŭ la Tomska horo (20.08 ĝis 20.44 Moskvo) la ĉefo de la grupo, Makŝakov, entute kvin fojojn parolis kun du el la agentoj en Moskvo. Tuj post tio agento Aleksandrov en Tomsk faris sian duan seriozan eraron. Je 00.48 laŭ la loka horo li ial denove ŝaltis sian ordinaran telefonon, tiel ke ĝi havis tempon ligiĝi kun baza stacio en la norda parto de centra Tomsk. Eble li denove bezonis trovi telefonnumeron, al kiu li raportu – sed samtempe li elsendis pruvon pri tio, ke li tiam troviĝis ĝuste en Tomsk, proksimume tri kilometrojn norde de la hotelo kie Navalnij kaj liaj kolegoj loĝis.

La raportado el Tomsk al Moskvo ŝajne daŭris en la sekva mateno, la 20-an de aŭgusto. Je 02.05 laŭ la Moskva horo (06.05 Tomsk), kiam Navalnij tute vivanta paŝis en la hotelan akceptejon, la agentoj en Moskvo tuj komencis sendadi tekstmesaĝojn kaj telefonadi unu al la alia. Unu el ili, Oleg Tajakin, meze de la nokto veturis al la sekreta laboratorio de FSB en sudokcidenta Moskvo, eble por preni laborilojn. Je 05.36 laŭ la Moskva horo li pluveturis al la flughaveno Domodedovo, kien devis alveni la flugo de Navalnij. Je 06.27 li laŭ la haveblaj datumoj trovis sin proksime al la flughaveno, sed tiam la aviadilo de Navalnij jam urĝe surteriĝis en Omsk. Estis nenio plia por fari en Domodedovo, kaj Tajakin reveturis al la laboratorio de FSB.

La 25-an de aŭgusto, kiam Aleksej Navalnij jam troviĝis en Berlino, Konstantin Kudrjavcev flugis el Moskvo al Omsk, kie li pasigis malpli ol dek horojn. Kiel li mem rakontis telefone al Aleksej Navalnij, lia tasko estis purigi la konfiskitajn vestaĵojn de Navalnij, tiel ke neniaj spuroj de kemia armilo restu.

Pli proksime al la fino de la interparolo kun Kudrjavcev, Navalnij revenas al la detaloj de la kalsono, por provi certigi ke ĝuste tie la veneno estis aplikita. Kudrjavcev daŭre nenion suspektas.

Navalnij: Ĉu tamen tio estis eraro, aŭ ĉu estis ĝuste apliki kontakte?

Kudrjavcev: Ne estas mia decido.

Navalnij: Sed kion vi opinias?

Kudrjavcev: La estroj tion opiniis, do supozeble estis ĝuste. Estas bona metodo.

Navalnij: Sed se li ja restis viva, do ĝi ne estis tre bona. Vi ja komprenas, kion mi celas…

Kudrjavcev: Kiel dirite, la cirkonstancoj okazis tiaj kaj la situacio evoluis tiel. Sed se oni havas kontakton, estiĝas bona absorbiĝo. Oni evidente elektis laŭ la situacio, laŭ la sperto.

/…/

Navalnij: Unu aferon mi ne kaptas. Ĉu oni aplikis al la kalsono, aŭ al la kalsono kaj la pantalono? Ĉar mi havas duoblan informon kaj mi ne bone komprenas.

Kudrjavcev: Al tio Makŝakov povos precize respondi.

Navalnij: Jes ja, ili respondos, sed mi volus ke ankaŭ vi respondu.

Kudrjavcev: Mi ne scias. Ni prilaboris la kalsonon kaj la pantalonon, kaze ke estus iuj makuloj tie. Sur la kalsono ne estis videblaj makuloj. Ankaŭ ne sur la pantalono, estis tia flisa pantalono, densa, nenio fiksiĝas sur tia. Kaj ili estis malhelaj, ambaŭ. Do, ni kontrolis tie, kie oni ordonis al ni kontroli. Perokule nenio estis videbla.

* * *

La interparolo kun Kudrjavcev, kiel dirite, okazis matene de la 14-a de decembro 2020. La detala esploro de Bellingcat, kun nomoj kaj bildoj de Kudrjavcev kaj aliaj enmiksitaj agentoj de FSB, estis publikigita pli malfrue en la sama tago, sed la interparolo kun Kudrjavcev estis publikigta nur la 21-an de decembro, kiam Bellingcat havis sufiĉe da tempo por trarigardi ĉion kaj zorge kontroli ĉiujn detalojn.

Vladimir Putin ja dementis la esploron de Bellingcat dum sia granda gazetara konferenco la 17-an de decembro, kie li samtempe koncedis ke rusiaj sekurservoj observas Navalnij. Lian nomon Putin laŭ sia kutimo rifuzis eldiri. Anstataŭe li parolis pri "la paciento en la Berlina kliniko".

La sekurservo FSB siavice dementis la telefonan interparolon de Navalnij kun Kudrjavcev, asertante ĝin "falsaĵo" kaj "planita provoko kun la celo misfamigi FSB kaj kunlaborantojn de la sekurservo, kio ne estus ebla sen organiza kaj teknika subteno de eksterlandaj sekurservoj". La gazetara servo de FSB ne klarigis, pri kio oni bezonus helpon de la "eksterlandaj sekurservoj", se ja la tuta interparolo estis falsaĵo.

Manke de pli bona elturniĝo la gazetara parolisto de Putin, Dmitrij Peskov, provis trovi psikologian klarigon por la rakonto de Kudrjavcev pri la blua boksista kalsono de Navalnij. La klarigo situas en la kapo de la Berlina paciento, li opiniis:

"La paciento montras klarajn simptomojn de paranojo. Oni povas konstati ankaŭ certajn signojn de megalomanio. Ĉar, kiel mi aŭdis, li sin mem komparas kun Jesuo. Kaj la cetero evidente estas freŭdismaj simptomoj. Fiksiĝo je la pantalonfenda regiono kaj tiel plu. Supozeble tiel oni sintenu al la afero."

Se daŭrigi en la sama tono, ŝajnas ke Peskov mem aŭdas voĉojn en sia kapo, ĉar neniu alia aŭdis ke Navalnij komparus sin kun Jesuo. Kaj se iu montras troan interesiĝon pri la ĝisfunde purigita kalsono de Navalnij, do tio estas la rusiaj aŭtoritatoj, kiuj ĝis nun ne redonis lian bluan boksistan kalsonon.

En la tagoj post la publikigo, bluaj kalsonoj iĝis ankaŭ simbolo de protesto. La konata filmreĝisoro Vitalij Manskij stariĝis ekster la ĉefsidejo de FSB ĉe la placo Lubjanka en centra Moskvo, kun blua boksista kalsono en siaj manoj. Li estis senprokraste kaptita de la polico, sen klara formala kialo, kaj la kalsono estis konfiskita. Poste li estis juĝita al punpago egala al cento da eŭroj pro partopreno en "senpermesa protesto", kvankam permeso ja ne estas bezonata por unuhoma manifestacio.

La 22-an de decembro la respektata scienca revuo *The Lancet* kun la permeso de Navalnij publikigis detalan studon pri liaj venenado kaj resaniĝo. La artikolo, verkita de 14 kuracistoj ĉe la universitata hospitalo Charité, klare montras ke Navalnij estis venenita per nervoveneno.

OPCW, Organizaĵo por malpermeso de kemiaj armiloj, kiu jam en septembro sendis siajn specialistojn al Berlino por ricevi sango-kaj urinspecimenojn de Navalnij, faris la samajn konkludojn. EU jam pli frue konstatis, ke Noviĉok ne povis esti uzita kontraŭ Navalnij sen permeso de la administracio de Vladimir Putin. Tial oni enkondukis personajn sankciojn kontraŭ ses altrangaj rusiaj oficistoj, kiujn oni konsideris respondecaj pri la uzo de la malpermesita kemia armilo.

La rusiaj aŭtoritatoj studis la artikolon en *The Lancet* atente, sed trovis kiel dirite nur unu notindan aferon: Navalnij ne plu estas flegata en la hospitalo en Berlino, kaj sekve tuj devus sin anonci ĉe sia kontrolisto en Moskvo, por plenumi la postulojn de sia kondiĉa puno.

En la tago de la publikigo de la artikolo la rusia prizona aŭtoritato FSIN afiŝis gazetaran komunikon, laŭ kiu Navalnij estas serĉata de la polico – kvazaŭ ne ĉiuj, kaj precipe la koncernaj rusiaj aŭtoritatoj, dum la tuta tempo scius, kie li troviĝas kaj kial. La 28-an de decembro la advokato de Navalnij ricevis telefonan tekstmesaĝon de FSIN, laŭ kiu Navalnij plej laste je 09.00 laŭ la Moskva horo en la sekva tago devas sin registri ĉe la filio de la prizona aŭtoritato en la adreso Varŝavskoje ŝosse 77 en Moskvo. Alikaze la aŭtoritato sin turnos al kortumo por postuli ke la kondiĉa puno estu transformita al efektiva malliberigo. Evidente estis maleble por Navalnij el Germanio ĝustatempe alveni al la filio de FSIN en Moskvo.

Navalnij estis kondamnita al la kondiĉa puno en decembro 2014, kun kvinjara provperiodo. La kondamno bazis sin sur la sama aserto pri ekonomia delikto, kiun oni uzis por kondamni lian fraton Oleg al 3,5 jaroj en malliberejo. La Eŭropa kortumo pri homaj rajtoj siatempe konkludis ke nenia krimo okazis. Spite tion Oleg Navalnij devis pasigi sian tutan puntempon en prizono, kaj la provperiodo de Aleksej Navalnij estis plilongigita ĝis la 30-a de decembro 2020. La neplenumebla postulo, laŭ kiu Navalnij tuj sin prezentu en Moskvo, kiam li ja troviĝis en Germanio kun la persona permeso de prezidento Vladimir Putin, estis travidebla postulo de la rusiaj aŭtoritatoj certigi, ke li restu en la okcidento: se li revenos, li sin trovos en prizono.

Por eĉ pli klare transdoni la mesaĝon, la rusiaj aŭtoritatoj la 29-an de decembro krome anoncis, ke estis komencita nova krim-esplorado kontraŭ Navalnij, nun pri defraŭdo de mono donacita al la kontraŭkorupta fondaĵo FBK. Laŭ la aserto de la aŭtoritatoj, Navalnij uzis 356 milionojn da rubloj (4 milionojn da eŭroj) por propra konsumado. Mankas ajnaj pruvoj kiuj subtenus la akuzon – FBK kaj la stabejoj de Navalnij publike prezentas informojn pri tio, kiel donacoj estas uzataj, pagas ĉiujn impostojn kaj ĉiujare transdonas sian spezodeklaron al la koncernaj rusiaj aŭtoritatoj. Devigi Navalnij al ekzilo estus la plej bona maniero marĝenigi lian movadon kaj neniigi lin mem kiel rusian politikiston. Tio ja estis, kion la sovetia gvidantaro faris en la 1970-aj jaroj kun multe malpli danĝeraj disidentoj, ekzemple Aleksandr Solĵenicin, kaj tion faris ankaŭ Putin mem kun la oligarko Miĥail Ĥodorkovskij, kiam tiu en 2013 post pli ol dek jaroj en prizono estis pardonita. Sed Navalnij rifuzis. La 13-an de januaro 2021 li publikigis en Instagram videon, en kiu li rakontis ke li nun aĉetis flugbileton por veturi hejmen:

Saluton, jen Navalnij! Mi legas novaĵojn el Moskvo pri mi mem kaj ne povas ĉesi miri kiel Putin denove stamfas per siaj piedetoj kaj postulas ke ĉio estu farita por malhelpi ke mi revenu hejmen. Tuj antaŭ novjaro ili anoncis, ke ili komencas novan krimesploradon kontraŭ mi en demonstre fabrikita proceso. Hieraŭ FSIN anoncis, ke ili nun turnis sin al kortumo por ke mia kondiĉa puno estu transformita al efektiva kaj mi tuj estu sendita al prizono. Ili ĉion faras por min timigi. Restas al Putin nur pendigi enorman afiŝon super Kremlo kun la teksto: "Aleksej, bonvolu nepre ne reveni hejmen!" Sed ne estis mia elekto veturi al Germanio. Ĉi tiu estas bonega lando, sed mi venis ĉi tien ne ĉar mi volis – mi estas ĉi tie, ĉar oni min provis murdi. La homoj nun malkontentaj ĉar ili ne sukcesis min murdi, ĉar mi transvivis, ili estas tiuj, kiuj nun provas min malliberigi. Hodiaŭ matene mi faris miajn kutimajn ekzercojn, kiujn mi faras ĉiutage de iom da monatoj, kaj mi konstatis ke mi verŝajne estas preskaŭ sana. Tio plia, pri kio mi devas labori, tion mi povas fari hejme. Poste mi kontrolis, kiaj flugoj haveblas. Mi aĉetis bileton hejmen en la retejo de la flugkompanio Pobeda. Jen, dimanĉe la 17-an de januaro mi revenos al Moskvo per flugo de la kompanio Pobeda. Venu min renkonti!

Flugo DP 936 al Moskvo ekos de la nova granda flughaveno Berlin Brandenburg je 15.18 dimanĉe posttagmeze la 17-an de januaro, laŭ la loka horo. Krom por si mem, Navalnij rezervis bileton por sia edzino Julija, por la gazetara sekretario Kira Jarmiŝ kaj la advokato Olga Miĥajlova. Granda parto el la restintaj lokoj estas rezervitaj de ĵurnalistoj. Pli da ĵurnalistoj kaj subtenantoj krome atendas ekster la flughavena konstruaĵo por vidi Navalnij kiam li eniras, sed li neniam aperas. Anstataŭe li kaj Julija estas akompanataj de la polico ĝis la pordo de la aviadilo, kaj ili eniras la lastaj. Li estas tuj ĉirkaŭita de ĵurnalistoj, kiuj direktas siajn kameraojn al li:

– Mi certas ke ĉio pasos bone. Hodiaŭ mi estas ege, ege ĝoja, kaj estos tre bone se vi permesos al mi sidiĝi... Ĉu ili arestos min tuj post la alveno? Tio ne eblas. Nun ni ne povas ekflugi, kaj poste oni skribos, ke Navalnij ne revenis, ĉar la ĵurnalistoj ne permesis al li eksidi sur sia loko.

Ĵurnalisto: Aleksej, ĉu vi sentas vin heroo kiu revenas?

– Mi sentas min rusia civitano kiu havas plenan rajton reveni hejmen. Kaj mi havas lokon en vico 13, do mi estas bonŝanca.

Oni ne povas konsideri Rusion funkcianta jurŝtato. Laŭ la konstitucio la ŝtataj organoj estas subigitaj al la leĝo kaj la kortumoj sendependaj, sed tiuj principoj estas sekvataj elekte kaj ili ofte estas flankenmetitaj en politike sentemaj kazoj kaj foje sekve de korupto en la jura sistemo.

(El raporto de la svedia ministerio de eksterlandaj aferoj pri homaj rajtoj, demokratio kaj principoj de la juroŝtato en Rusio, decembro 2019)

❖

7. Back in the USSR

Moskvo, la 17-an de januaro 2020 je 17.20

La flugo de Aleksej Navalnij el Berlino al Moskvo ĵus ekis. La taksata veturtempo estas du horoj kaj dudek kvin minutoj. En Rusio subtenantoj de Navalnij komencis kolektiĝi en la flughaveno Vnukovo, sudokcidente de Moskvo. En la terminala konstruaĵo la frato de Aleksej Navalnij, Oleg, faras memfoton kune kun Ljubov Sobol, kunlaboranto de Aleksej. Tuj poste Sobol estas kaptita de la polico, pro nekomprenebla kialo. Nur poste ŝi ekscias, ke ŝi ial kulpis pri "neobeo al ordogardisto". Pli ol 62 000 scivoluloj sekvas la flugon de Navalnij en la retejo Flightradar, kiu montras ĝian aktualan situon en ĉiu momento. La flugo havas multege pli da sekvantoj ol ajna alia flugo en la mondo en tiu momento.

Pluraj policaj aŭtobusoj aperas ekster la terminala konstruaĵo. Neniu plu estas enlasata sen valida bileto, kaj polico en kontraŭtumulta ekipaĵo komencas malplenigi la konstruaĵon je ĉiuj, kiuj venis renkonti Navalnij. "Ni petas ĉiujn forlasi la flughavenon", la laŭtparoliloj anoncas. Laŭ Flightradar la aviadilo de Navalnij ĵus eniris rusian teritorion kaj trovas sin en la proksimeco de Smolensk, ĉe la limo al Belorusio.

Unu el tiuj, kiuj venis renkonti Navalnij, estas Jekaterina Buŝkova, studento kaj demokrati-aktivulo el Sankt-Peterburgo. Ŝi speciale alflugis, kaj do plu havas flugbileton.

– Estis multege da homoj tie, kaj la polico komencis kontroli biletojn. Kiam ili kontrolis la bileton la unuan fojon, ili diris, ke mi povas resti, sed poste la polico komencis elpremi ĉiujn, kaj ili kaptis ĉiujn ajn, eĉ ĵurnalistojn.

Jekaterina Buŝkova nervoziĝis, kiam plia policano volis vidi ŝian bileton, kaj ŝi ne povis tuj trovi ĝin en sia sako.

– Li atendis kelkajn sekundojn, poste li diris "Vi ne havas bileton" kaj komencis puŝadi min al la elirejo.

Tuj poste ŝi estis kaptita de la polico. Dum policanino kontrolis ŝiajn poŝojn, alia policano subite ektenis ŝin kaj batis ŝian kapon kontraŭ la polica aŭto.

– Mi ekhavis cerban komocion, kvankam mi ne tuj komprenis tion. Ili veturigis nin al la policejo kaj skribis protokolon, poste ili vokis ambulancon kiu portis min al hospitalo.

Ankaŭ Ksenija Fadejeva el la stabejo de Navalnij el Tomsk, kaj kelkaj ŝiaj kolegoj, venis al Moskvo speciale por renkonti Aleksej Navalnij. Fadejeva neniam dubis, ke li revenos, ŝi diras.

– Li ja mem multfoje diris, ke li tion faros. Kaj li pravas, ne eblas okupiĝi pri politiko se oni ne troviĝas en Rusio, se oni ne dividas ĉiujn riskojn kun siaj subtenantoj. Sed precize kiam li venos, tion ni eksciis nur kiam li afiŝis la videon pri tio, ke li aĉetis la bileton. Tiam kvar el ni en la stabejo en Tomsk aĉetis malkarajn biletojn al Moskvo.

La Tomskanoj venis al Moskvo kelkajn tagojn pli frue por rigardi la urbon. Kiam ili dimanĉe posttagmeze volas ekveturi al Vnukovo aperas novaĵoj, laŭ kiuj nur posedantoj de biletoj rajtas eniri la flughavenon. Ili tamen sukcesas.

– Estis amaso da homoj tie kun biletoj, homoj kiuj estis flug-ontaj. La polico ne povis ĉiujn plene kontroli, kaj ni trapasis. Poste aperis amaso da policanoj en tumulta ekipaĵo, ili kaptis homojn kaj tiris ilin el la terminalo. Ni provis teni nin flanke por ne esti kaptitaj. Ni ja havis biletojn al Tomsk por la sekva tago kaj ne emis esti metitaj en arestejo en Moskvo.

* * *

Oni atendas ke la flugo alvenos al Vnukovo je 19.37. Kiam restas nur kelkaj minutoj, oni povas en Flightradar vidi, ke la aviadilo subite krute turniĝas kaj ekflugas al nordokcidento. La alvenhoro sur la ekranoj de la flughaveno estas ŝanĝita unue al 19.54, poste al 20.05. Policoj en kamuflaj uniformoj kaj tumultokaskoj stariĝas en vico ekster la vitra muro de la terminalo. Subite oni anoncas, ke la flughaveno estas fermita por alvenantaj aviadiloj. Sur la ekranoj eblas legi, ke la aviadilo de Navalnij nun estas redirektita al Ŝeremetjevo, norde de Moskvo. La distanco troas por ke la renkontantoj atingu la alian flughavenon ĝustatempe. Tamen ĉe la enveturejo de Ŝeremetjevo la polico komencas hazarde haltigi taksiojn, kontroli la pasaĝerojn, demandi kion ili faros en la flughaveno, kaj inspekti iliajn biletojn – ĉio por malhelpi, ke apogantoj de Navalnij povu lin renkonti.

Dum la arestoj pluas en Vnukovo, la aviadilo surteriĝas en Ŝeremetjevo. Je 20.12 la gazetara sekretario de Navalnij, Kira Jarmiŝ, skribas en Twitter:

"Surtere en Ŝeremetjevo. Mi ĝis la lasta momento ne povis imagi, ke ili tiom timos. Sed jen la konfirmo."

Pluraj ĵurnalistoj, kiuj flugis per la sama aviadilo, rekte elsendas en la reto kiam Aleksej Navalnij eliras kaj veturas per buso al la moderna terminalo. Kiam li eniras la konstruaĵon, la filmantaj ĵurnalistoj estas tiel multaj, ke li nur malfacile povas atingi la rulŝtuparon por veni al la supra etaĝo. Post la rulŝtuparo li haltas antaŭ granda lumtabulo kun bildo de Kremlo, la ĉefsidejo de la potenco en Rusio, por fari sian lastan, mallongan publikan elpaŝon en libero. Unue li pardonpetas al ĉiuj pasaĝeroj kaj al aliaj, kiujn trafis la strangaj trafik-aranĝoj, kaj miras kiel multe la potenculoj pretas fari nur por pruvi ke "neniu interesiĝas" pri li.

Poste li diras, ke li neniam pripensis la alternativon ne reveni, kaj daŭrigas:

– Mi ege feliĉas, nun esti ĉi tie, ĉi tiu estas mia plej bona tago dum la lastaj kvin monatoj. Germanio estas bonega lando kaj mi estas enorme danka al ĉiuj, unuavice evidente la kuracistoj kaj flegistoj, kun kiuj mi kontaktis tie, sed ĉi tiu estas mia hejmo.

Vi daŭre demandadas, ĉu mi ne timas. Mi ne timas. Mi iros al la pasporta kontrolo precize kiel kutime, mi eliros kaj veturos hejmen, ĉar mi scias, ke mi pravas. Mi scias, ke ĉiuj akuzoj kontraŭ mi estas fabrikitaj. Oni provis min timigi en ĉiuj eblaj manieroj, sed la vero estas sur mia flanko, kaj ne nur la vero, sed ankaŭ la juro. Ili ja provas min enprizonigi pro afero, en kiu la Eŭropa kortumo decidis favore al mi. Tial mi nenion timas, kaj mi petas ke ankaŭ vi nenion timu.

Post sep minutoj, kiam Aleksej Navalnij staras ĉe la pasporta kontrolo, aperas kvar dungitoj de la prizona aŭtoritato FSIN en nigraj uniformoj. Ili petas lin veni kun ili. De tiam Navalnij sin trovas en kaptiteco.

*   *   *

Unue Navalnij estis sekrete portita al la policejo en Ĥimki, antaŭurbo de Moskvo tuj apud la flughaveno. Sekvatage, kiam iĝis konate ke li troviĝas tie, liaj subtenantoj komencis kolektiĝi ekster la policejo. Tie estis ankaŭ Ksenija Fadejeva kaj ŝiaj kolegoj el Tomsk.

– Ili komencis la arestan proceson kaj ni troviĝis ekstere kun ĉiuj aliaj. Ni estis tie eble du horojn, sed kiam ni ekvidis ke alvenis la tumult-polico kaj ĝi komencis kapti homojn, ni forlasis la lokon – ni ne volis maltrafi la flugon reen al Tomsk.

Navalnij estis arestita por tridek tagoj laŭ la postulo de FSIN, atende al la kortuma decido, kiu transformu lian kondiĉan punon al vera malliberigo. Tio kaŭzis spontaneajn protestojn jam samvespere en pluraj urboj, interalie en Sankt-Peterburgo. Tie la demokrati-aktivulo Pavel Ĉuprunov instigis ĉiujn, kiuj ne povis veturi al Moskvo por renkonti Navalnij, kunveni ekster la historia vendejego Gostinij dvor ĉe la ĉefstrato Nevskij prospekt por postuli lian liberigon.

Venis multaj protestantoj, ankaŭ sendependaj deputitoj de distriktaj konsilantaroj, sed ili ne sukcesis longe manifestacii, Pavel Ĉuprunov diras.

- Mi faris rektan elsendon en Facebook. Sed tuj kiam mi levis ŝildon kun la teksto "Liberon al Navalnij, Putin al kortumo!" mi estis kaptita de la polico. Certe ne daŭris pli ol sep sekundojn.

Ili tordis miajn brakojn malantaŭ mian dorson, enpuŝis min en polican buseton kaj provis forpreni mian telefonon, ili volis ke mi ĉesigu la rektan elsendon.

Ĉuprunov postulis, ke li ricevu kvitancon pri la telefono, se ĝi estos konfiskita. Tiam okazis interpuŝiĝo kun la policano, kiu provis kapti la telefonon.

Entute almenaŭ 56 el la protestantoj estis kaptitaj en Sankt-Peterburgo. Pavel Ĉuprunov estis veturigita al policejo n-ro 10 ĉe la strato Krupskaja, dekon da kilometroj sudoriente de Gostinij dvor, kune kun dek du aliaj kaptitoj. Sed Ĉuprunov ricevis apartan traktadon, eble ĉar li estas konata demokrati-aktivulo. Post la interpuŝiĝo la polico krome havis ion, kion eblis uzi kontraŭ li.

– Mi sidis tie tri horojn, sed nenio okazis. Mi demandis, kial la aliaj ricevis siajn protokolojn sed ne mi, kaj kial oni ne enlasas mian advokaton. "Ĉu vi estas Ĉuprunov? Do vi devas atendi", ili diris.

Fine aperis du policanoj en civilaj vestaĵoj, kiuj kondukis lin al ĉambro en la supra etaĝo. Tie pridemandisto – plian fojon – provis lin konvinki, ke li iĝu polica informanto.

– Oni ja kaptis min multajn fojojn dum la jaroj, kaj plurfoje ili proponis al mi, ke mi kunlaboru kun la polico. Ili diris ke mi ja nur bezonus informi pri tio, kiaj aktivaĵoj planatas, nenion seriozan, kiel ili diris. Kaj nun ili denove volis proponi ian kunlaboron, por ke oni min ne akuzu pro krimo. Ili asertis, ke mi malobservas plej diversajn leĝojn, kiam mi en sociaj retejoj vokas homojn al protesto.

Kiam Pavel Ĉuprunov ne volis konsenti, la pridemandisto iĝis minaca.

– Li komencis aktori la malican policanon, li batis la muron kaj diris, ke li povas registri akuzon kontraŭ mi. Poste iu telefonvokis kaj li petis min atendi en la koridoro: mi pripensu ĉu vere mi volas sidi en malliberejo. Mi ne tre atentis tion en la momento, ĉar mi ja aŭdis la samon jam pli frue.

Kiam Pavel Ĉuprunov sidis en la koridoro, li rimarkis ke aliaj protestantoj kaptitaj samtempe kun li jam estas ellasitaj. Li aliĝis al la grupo, sukcesis eliri kun ĝi, iris hejmen kaj enlitiĝis. Kiam li jam estis hejme, unu el liaj kamaradoj mesaĝis el la policejo kaj rakontis ke la policanoj koleregas, ĉar li sukcesis fuĝi. Ili ja volis registri akuzon pri tio, ke li perforte kontraŭbatalis la policon.

– Tiu estas serioza krimo. Tiam mi komencis pripensi, kio efektive okazis tie en la polica buseto. Kiam tiu policano provis preni mian telefonon, mi estis falonta malantaŭen, en la ŝtuparan profundaĵon ĉe fermita pordo en la buseto. Tiam mi provis puŝeti lin iom, por ke li ne falu sur min. Mi supozas ke tion ili opiniis perforta kontraŭbatalado.

Meze de la nokto aperis la polico. Oni batadis la pordon.

– Mi tre ektimis, kaj kiam mi rigardis tra la luketo, mi ekvidis konatajn vizaĝojn de la kontraŭekstremisma sekcio de la polico. La politika polico, alivorte. Mi telefonvokis la estron de nia organizaĵo, kaj advokaton, por demandi kion mi faru. Ili diris, ke mi malfermu nur se la polico komencas rompi la pordon.

Fine la policanoj foriris. Pavel Ĉuprunov decidis malaperi frumatene, antaŭ ol la polico revenos. Li havigis novan SIM-karton kaj uzis aplikaĵon por kunveturado por veni al Moskvo. Intertempe la polico faris traserĉon en la apartamento, kie loĝas ankaŭ liaj patrino kaj fratino, kaj konfiskis ĉiujn aĵojn kiujn eblas ligi kun opozicia aktivado – eĉ ŝtrumpetojn kun la teksto "Rusa = liberala".

Kiam evidentis, ke la polico nun serĉas lin kaj ke minacas seriozaj konsekvencoj, li kaŝe veturis al Belorusio, aĉetis bileton el Minsko al Stokholmo kaj petis azilon en la Stokholma flughaveno Arlanda. Svedian vizon li jam havis en sia pasporto.

– Mi tute ne planis forlasi Rusion, mi intencis kandidati en la elektoj al la urba konsilantaro en Sankt-Peterburgo en la aŭtuno. Sed mi komprenis, ke ili ne plu lasos min en trankvilo. Do nun mi estas ĉi tie.

* * *

Intertempe en Moskvo komenciĝis la kortuma proceso kontraŭ Aleksej Navalnij. Formale oni kulpigis lin pri tio, ke li malobservis la regulojn de sia kondiĉa puno, sed efektive pro tio, ke li aŭdacis reveni al Rusio, kiam la aŭtoritatoj tre klare indikis, ke li restu distance, se li ja insistas ne morti.

La formala akuzo, kiun oni uzis por lin enprizonigi, estis la tiel nomata proceso de Yves Rocher, komencita jam en 2012 kaj laŭ decido de la Eŭropa kortumo pri homaj rajtoj tute senbaza. Simple neniu krimo okazis.

Laŭ la akuzo la pli juna frato de Aleksej Navalnij, Oleg, "persvadis" la firmaon Yves Rocher uzi lian liver-kompanion anstataŭ la rusia ŝtata poŝto. Aleksej Navalnij posedas duonon el la akcioj en la liverfirmao GPA (Glavnoje podpisnoje agentstvo, "Ĉefa abon-agentejo"). La asertita delikto estas, ke GPA faris profiton perante transportajn servojn – absurda kaj neniam antaŭe vidita interpreto de la rusia leĝo pri malversacio.

Yves Rocher jam komence de la proceso deklaris, ke al la entrepreno ne estis kaŭzita ajna ekonomia perdo, sed tio neniel gravis al la rusia kortumo. En decembro, kiel ni jam vidis, Oleg Navalnij estis kondamnita al 3,5 jaroj en malliberejo. Aleksej Navalnij ricevis kondiĉan punon. En oktobro 2017 la Eŭropa kortumo deklaris, ke la agoj, pro kiuj la fratoj estis kondamnitaj, estas tute normala entreprenado. La rusia kortumo simple deklaris la tutan gajnon de GPA "ŝtelita posedaĵo", kio en la praktiko signifus, ke ĉia profita entreprenado estus kontraŭleĝa. Tio validis en Sovetio, kaj tio evidente validas ankaŭ en la hodiaŭa Rusio – se oni nomiĝas Navalnij.

Al la fratoj estis aljuĝita kompenso de 76 000 eŭroj, kiun la rusia ŝtato pagis, tamen la Supera kortumo de Rusio rifuzis nuligi la kondamnon. Oleg Navalnij sidis en malliberejo siajn 3,5 jarojn ĝis la lasta minuto, kaj la provtempo de Aleksej Navalnij estis longigita ĝis la 30-a de decembro 2020. La provtempo interalie signifis, ke li ne havis la rajton kandidati en publikaj elektoj, sed ankaŭ, ke li regule devis sin anonci ĉe sia kontrolisto, kun daŭre pendanta minaco de efektiva, senkondiĉa enprizonigo.

Ĉi tiun savilon la rusiaj aŭtoritatoj nun decidis uzi por malliberigi Aleksej Navalnij, kiam li rifuzis aŭdi la avertojn el Moskvo kaj resti en Germanio. La 2-an de februaro kortumo en Moskvo laŭ la postulo de la prizona aŭtoritato FSIN decidis transformi la kondiĉan punon de Aleksej Navalnij al efektiva enprizonigo dum 3,5 jaroj. La formala bazo de la decido estis, ke Navalnij unuflanke ne montris sin ĉe sia kontrolisto en Moskvo dum li estis en Germanio, aliflanke ke li pli frue en Moskvo dum iu periodo vizitadis sian kontroliston dufoje monate en ĵaŭdoj – kaj ne en lundoj. Ĉi tiu devio de la rutino, kiu pli frue neniel ĝenis FSIN, nun subite montriĝis serioza misago kaj grava argumento por enprizonigi Navalnij.

Konsiderante la tempon, kiun Navalnij pli frue pasigis en hejma aresto lige kun la sama akuzo, la efektiva enprizonigo estis mallongigita al du kaj duona jaroj, kio en la teorio signifas, ke li devus liberiĝi iam en la somero de 2023. En la praktiko la aŭtoritatoj tamen jam havas pretajn novajn krimakuzojn kontraŭ Navalnij, por povi laŭnecese plilongigi lian malliberigon. Jam ekde 2010 Kremlo uzadas kolekton de juraj procesoj kontraŭ Navalnij por ĝeni lian agadon kaj por povi publike ĵeti koton kontraŭ li. La unua, la tiel nomata proceso de Kirovles, ŝajne estis inicita pro tio, ke li en novembro 2010 malkaŝis koruptan intrigon en la banko VTB, proksima al Kremlo.

Tuj post tio estis lanĉita la proceso, en kiu oni asertis, ke Navalnij trude devigis la ĉefon de la arbara kompanio Kirovles al malfavora negoco. La proceso estis plurfoje nuligita, ĉar mankis pruvo ke entute okazis delikto. Tamen ĉiun fojon la akuzo estis revekita post premo de pli altaj instancoj. Fine en 2013 Navalnij estis kondamnita al kvin jaroj en punkolonio pro malversacio. Tamen post ampleksaj protestoj en centra Moskvo li estis surprize liberigita. La senkondiĉa prizonpuno estis subite transformita al kondiĉa puno. En 2016 la Eŭropa kortumo konstatis, ke ankaŭ en ĉi tiu kazo Navalnij kulpis pri nenia delikto.

Nun, la 17-an de februaro 2021, la Eŭropa kortumo postulis, ke rusiaj aŭtoritatoj senprokraste liberigu Aleksej Navalnij, ĉar lia vivo estas en danĝero en la prizono. La postulo baziĝas sur la Eŭropa konvencio pri la homaj rajtoj, al kiu Rusio aliĝis. La rusiaj aŭtoritatoj tamen ignoris ĝin. Anstataŭe la prizona aŭtoritato decidis deklari Navalnij "inklina al fuĝo", kio signifas ke li havos aldonajn limigojn en la prizono. La gazetara parolisto de Vladimir Putin, Dmitrij Peskov, asertis ke la postulo de la Eŭropa kortumo estas "enmiksiĝo en la internaj aferoj de Rusio".

Navalnij apelaciis la verdikton, kiu tamen jam la 20-an de februaro estis konfirmita en la sekva instanco. En la sama tago alia kortumo trovis Navalnij kulpa en alia proceso, kie oni akuzis lin pri "kalumnio de veterano". Tie oni kondamnis lin al punpago de 850 000 rubloj (9 500 eŭroj). La delikto estis, ke Navalnij en Twitter faris mallaŭdan komenton pri kampanja filmo. En la filmo dek kvin konataj kaj nekonataj personoj propagandis por la ŝanĝo de konstitucio, kiu ebligas al Vladimir Putin resti prezidento ĝis 2036.

Navalnij nomis la apogantojn de Putin "koruptaj lakeoj, honto de la lando, homoj sen konscienco kaj perfiduloj". Tial li laŭ la kortumo insultis kaj kalumniis Ignat Artjomenko – 94-jaran militveteranon, kiu videblas en la filmo dum kvar sekundoj.

La venko en la "granda patriota milito", en aliaj landoj pli konata kiel la dua mondmilito, estas angula ŝtono de la ŝtata ideologio en la hodiaŭa Rusio. La evidenta celo de la akuzoj estis denove elmontri Navalnij kiel eksterlandan agenton, kiu krome insultas patriotajn veteranojn. La afero komprenеble ricevis multe da atento en la ŝtataj amaskomunikiloj, kiuj kutime neniam mencias la nomon Navalnij – sed ja bone eblas raporti pri li, kiam li aperas en kaĝo antaŭ kortumo.

Post la proceso la prokuroro Jekaterina Frolova klarigis al la grupo de ĵurnalistoj, kial Aleksej Navalnij estas morale kondamninda persono:

– Studinte la biografion de Navalnij kaj la naturon de la agado de liaj subtenantoj oni povas alveni al nur unu konkludo: Navalnij sur principa bazo diskreditas la venkon de nia lando en la granda patriota milito. Li subfosas la bazajn principojn de nia multnacia patrujo.

Kiam temas pri la "granda patriota milito", en Rusio tre gravas nomi la militon ĝuste tiel. Same gravas memori, ke la milito komenciĝis la 22-an de junio 1941 kaj eĉ ne unu tagon pli frue.

Ĝuste tiam Hitlero komencis la operacion Barbarossa, sendante siajn trupojn trans la limon inter nazia Germanio kaj Sovetio, pri kiu interkonsentis Stalino kaj Hitlero en la pakto de Molotov-Ribbentrop. En la hodiaŭa Rusio ne estas populare memorigi pri tio, ke efektive Stalino kaj Hitlero ĝis la 22-a de junio 1941 estis alianculoj kiuj inter si dividis orientan Eŭropon.

Tuj post la kondamno de Navalnij, la televida propagandisto Vladimir Solovjov kaptis la okazon por kompari Navalnij ĝuste kun Hitlero – favore al Hitlero. Male ol la "pantalonfenda Führer" Navalnij, Hitlero almenaŭ estis kuraĝa, opiniis Solovjov.

Per sia aludo al pantalonfendo Solovjov evidente volis aliĝi al la prijuĝo de Dmitrij Peskov – la gazetara parolisto de Putin – kiu pli frue asertis, ke Navalnij neniel estis venenita per nervoveneno en la kalsono, sed nur havas malsanan "fiksiĝon je la pantalonfenda regiono". Tamen la komparo kun la "kuraĝa Hitlero" estis troa eĉ por la rusia ŝtata televido. La komunisma parlamenteno Valerij Raŝkin denuncis la eldiraĵon al la prokurorejo. Tio siavice furiozigis la estron de la stalinisma, formale opozicia komunisma partio, Gennadij Zjuganov. Tion ja eblus interpreti kiel subtenon al Navalnij.

– Se Raŝkin elpaŝas favore al Navalnij, li estos elpelita el la partio! Navalnij estas fajrobombo, kiun tri sekurservoj sendis ĉi tien kaj kiu malstabiligas la situacion de interne. Oni ne igu el li heroon, li estas perfidulo, diris Zjuganov.

* * *

En la kortumo Navalnij faris paroladon, kiu ricevis vastan publikon. Ĝia kompleta teksto legeblas fine de ĉi tiu libro. En la parolado li interalie atentigis, ke li nun estas juĝata ankoraŭfoje pro delikto, kiu laŭ la Eŭropa kortumo ne ekzistas. Li kaptis la okazon klare indiki prezidenton Vladimir Putin kiel la respondeculon malantaŭ la provo de murdo kaj la jura persekutado. Tion li faris antaŭ kortumo, kiu laŭ li reprezentas nur arbitran malrespekton al leĝoj.

– Mi kaŭzis ĝismortan ofendon per tio, ke mi pretervivis danke al bonaj homoj, pilotoj kaj kuracistoj. /…/ Kaj poste okazis kompleta terurajô. Ne nur mi pretervivis, ne nur mi ne ektimis kaj ne kaŝiĝis – mi krome partoprenis en esploro pri mia propra venenado, kaj ni povis montri kaj pruvi, ke ĝuste Putin, uzante FSB, okazigis la provon de murdo /…/ kaj tio frenezigas la ŝteleman hometon en la bunkro.

En alia kortuma parolado Navalnij citis ne nur la Biblion, sed ankaŭ "la grandan filozofon" Rick Sanchez – la ĉefpersonon en la usona desegnita filmo *Rick and Morty*. Ĝuste tiun serion li spektis dum la flugvojaĝo el Tomsk, tuj antaŭ ol perdi la konscion. Tio, kion li diris, tre similis al la vortoj de Aleksandr Soljenicin pri "vivi ne laŭ mensogo". La eseo de Soljenicin kun tiu titolo estis publikigita la 14-an de februaro 1974, en la sama tago kiam li estis arestita por poste esti elpelita el Sovetio.

– Gravas ne timi homojn, kiuj ne serĉas la veron, sed eble eĉ iel subteni ilin. Rekte, malrekte, aŭ eble eĉ ne subteni, sed almenaŭ mem ne partopreni en ĉi tiu mensogo, ne faciligi la mensogadon, ne igi la mondon malpli bona ĉirkaŭ si, diris Navalnij.

* * *

Ĝis la lasta kunsido de la kortumo Aleksej Navalnij estis malliberigita en la centra sekurega arestejo SIZO-1 FSIN, la tiel nomata Kremla centralo. Ĝi estis fondita en 1985 de la sekurservo KGB, lige kun la granda "kotona proceso", por komplete izoli ekstreme influajn personojn, akuzatajn pri grandskala korupto kaj multjara falsado de la produktostatistikoj de kotono en Uzbekio. La arestejo nun administre estas parto de la centra prizona aŭtoritato FSIN, sed estas plu uzata por komplete izoli aparte danĝerajn aŭ tre prioritatajn personojn.

En sia unulita ĉelo en Kremla centralo Navalnij havis etan televidilon, kie li povis sekvi la raportojn de la ŝtataj kanaloj pri la "sensignifaj" protestoj subtene al li. Tra siaj advokatoj li krome sukcesis transdoni tekstetojn, kiuj poste aperis en sociaj retejoj. En afiŝo en Instagram la 17-an de februaro li komparis sian enprizonigon kun spacveturo (la tuta teksto troviĝas en la fino de la libro):

Mi volas rakonti, ke ĉio estas bone pri mi, ĉar mi havas tion, kion homo en mia situacio plej multe bezonas – vian subtenon. Kredu min, mi sentas ĝin. /…/

Hodiaŭ mi rakontos, ĉu estas malfacile al mi – tiu estas ofta demando. Sed ne, ne estas malfacile. La prizono, kiel vi scias, troviĝas en la kapo. Kaj se bone pripensi, mi evidente ne trovas min en prizono, sed en spacveturo.

Pensu mem. Mi havas simplan, spartanan kajuton – fera lito, tablo kaj ŝranketo. En spacveturilo ne estas loko por lukso. La pordon de la kajuto eblas malfermi nur de la komanda centralo. Min vizitas personoj en uniformoj, ili eldiras nur kelkajn ŝablonajn frazojn, sur ilia brusto brilas la lampeto de ŝaltita videokamerao – ili estas androidoj. /…/

Sed ofte okazas ja ke aperas helpo. Amika signalo. Tunelo tra hiperspaco, kaj jen! Vi jam alvenis kaj brakumas la familion kaj amikojn en rava, nova mondo.

La 25-an de februaro Aleksej Navalnij malaperis. Kiam liaj advokatoj kiel kutime venis por renkonti lin en la arestejo li ne estis tie. Mankis ajnaj informoj pri lia plua spacveturo.

La konstitucio de Rusio garantias la rajton je pacaj kunvenoj, sed en la praktiko validas signifaj limigoj por la efektivigo de tiu rajto. La organizantoj devas anticipe ricevi aprobon por povi manifestacii, kaj ofte tiuj aproboj ne estas donataj, same ne estas donata aliro al centraj lokoj. Post la politikaj protestoj en 2011–2012 estis faritaj leĝoŝanĝoj, kiuj limigis la eblojn kunvoki mitingojn kaj manifestaciojn. Samtempe la punpagoj por ĝenado de la publika ordo estis dekobligitaj. Post plia severigo de la leĝo, ripetaj krimoj kontraŭ la publika ordo povas rezultigi kvinjaran enprizonigon.

(El raporto de la svedia ministerio de eksterlandaj aferoj pri homaj rajtoj, demokratio kaj principoj de la juroŝtato en Rusio, decembro 2019)

❖

8. Kapta rakonto

Interreto, la 19-an de januaro 2021

Du tagojn post sia alveno, kiam li jam estis en la arestejo en Mos-
kvo, Aleksej Navalnij enretigis plian bombon. La preskaŭ duhora
filmo "Palaco por Putin – la historio de la plej granda koruptaĵo"
rakontas pri absurde luksa rezidejo, konstruita por Vladimir
Putin ĉe la Nigra maro, apud la monto Idokopas, tuj sude de la
turisma urbo Gelendĵik. La kunlaborantoj de Navalnij elkalkulis,
ke la palacego – kun propraj vinkultivejo, preĝejo, amfiteatro,
glacihokeejo kaj kazino – kostis minimume cent miliardojn da
rubloj (pli ol miliardon da eŭroj).

La profesie produktita filmo montras droneajn bildojn de la
palaca ĉirkaŭaĵo kaj internajn bildojn rekreitajn helpe de plan-
desegnaĵoj kaj iuj likintaj fotoj – sed la filmon malfermas bildoj
el Dresdeno en la iama GDR, kie Vladimir Putin en la 1980-aj
jaroj servis kiel agento de KGB. Navalnij staras antaŭ neluksa,
pluretaĝa betona orientgermana konstruaĵo kaj rakontas, ke ĉi tie
siatempe komencis sian koruptan karieron la 33-jara KGB-agento
Volodja Putin. Tiam temis pri tio, kiel li povus uzi sian postenon
por havigi al si importitan kasedmagnetofonon, sed de tiam la
apetito de Putin kreskis, diras Navalnij.

La filmo poste estas konstruita ĉirkaŭ la rakonto pri la palaco ĉe
la Nigra maro – palaco kiu formale tute ne apartenas al Vladimir
Putin – sed antaŭ ĉio ĝi estas vera historio de la korupta, riĉega
rondo de la veraj potenculoj de Rusio, al kiu transformiĝis la
amikaro de Putin de la 1980-aj jaroj, kaj pri tio, kiel la tuta ŝtata
konstruo de Putin staras sur fundamento de nigra mono kaj

persona lojaleco, dum ĉiuj institucioj de la jurŝtato estas senigitaj je enhavo.

Vladimir Putin ŝatas timigi la rusojn per la kaoso kaj mizero de la 1990-aj jaroj, de kiuj li ilin savis – kaj kiuj embuskos ĉe la sekva stratangulo, se li ne rajtos plu sidi en Kremlo. Ne eblas maltrafi la sanktan malamon de Navalnij, kiam li paŝon post paŝo malkaŝas la prezidenton mem kiel tipan produkton de la korupta Sankt-Peterburgo de la 1990-aj jaroj. Navalnij rakontas, kiel Putin en sia rolo de altranga oficisto en la urba registaro kolektis koruptmonon de entreprenistoj, kunlaboris kun la banditoj kiuj regis la havenon kaj manipulis pri krudmaterialaj eksportpermesoj, celitaj por solvi la mankon de manĝaĵoj en la urbo. En la praktiko la obskuraj entreprenoj, ricevinte la eksportpermeson, ofte malaperis kun la gajnita mono.

En la fino de la filmo Navalnij tuŝas ankaŭ la temon plej malpermesitan – la idojn kaj amatinojn de Putin. Li akcentas ke Putin ja havu rajton je privata vivo kaj povu havi kiom da amatinoj li volas, sed demandas, ĉu vere estas en ordo ke tiuj amatinoj, iliaj patrinoj kaj avinoj je la kosto de ordinaraj rusianoj estu provizitaj per luksboategoj, grandaj apartamentoj en centra Sankt-Peterburgo aŭ vilaegoj apud Moskvo. La du virinoj, kiuj estas menciitaj en la filmo, ne estas ia nova malkaŝo, aludoj pri ili aperis multfoje en diversaj kuntekstoj – sed en la esploro de Aleksej Navalnij ili subite aperas kiel posedantoj de akcioj kaj nemoveblaĵoj por astronomiaj sumoj.

Ĝenerale multo el tio, kio aperas en la filmo, jam estas konata de pli frue – inkluzive de la palaco mem, kies konstruado komenciĝis en 2005 kaj pri kiu sporade aperas artikoloj almenaŭ ekde 2010. La diferenco kompare kun la pli fruaj publikaĵoj estas, ke Aleksej Navalnij kaj liaj kunlaborantoj havas la raran kapablon unue elfosi dokumentojn kaj poste elekti absurdajn, elstarajn detalojn por krei draman kaj streĉan rakonton kiu kaptas kaj konsternas la spektanton. Krome ili havas grandan publikon – la kanalon de Navalnij en Youtube kaj ĉiujn liajn sekvantojn en sociaj retejoj: pli ol kvar milionoj sole en Instagram.

Navalnij kaj liaj kunlaborantoj jam faris multajn esplorojn pri koruptado kun miliona publiko en Youtube, sed neniu el ili povas rivali la filmon pri la palaco. Jam 55 minutojn post la publikigo ĝi havis milionon da montroj, post ses horoj dek milionojn, kaj post iom pli ol semajno la filmo estis spektita cent milionojn da fojoj.

Kiam la filmo estis publikigita, multajn konsternis la ekstravagancaj fasonado kaj meblaro de la palaco, la akvodiskoteko, la teatrejo kun scenejo por stangodanco. La stranga akvodiskoteko rapide inspiris viruse disvastiĝontan kanton kun psikedela video, sed vere frapis multajn la informo pri itala necesseĝa broso kaj ĝia ingo kun la prezo de 700 eŭroj. La sumo egalas al sufiĉe ordinara monata salajro en Rusio, aŭ dumonata pensio. Dum la manifestacioj kontraŭ la malliberigo de Navalnij multaj protestantoj svingis pli favorprezajn necesejajn brosojn.

Fine de la filmo Navalnij instigas ĉiujn spektintojn diskonigi ĝin – kaj eliri por montri sian malkontenton.

– Se dek procentoj el la malkontentuloj eliros kaj protestos, oni ne kuraĝos falsi la elektojn. Se ni ĉiuj registriĝos en la retejo por inteligenta voĉdonado, malgajnos la partio de Putin, Unueca Rusio, kiu reprezentas ŝteladon kaj degeneron. Tio kondukos al politika konkurado kaj pli bonaj politikistoj kaj oficistoj. Ni havos justajn kortumojn kaj normalajn prokurorojn. Ne plu eblos ŝteladi en ĉi tia skalo. Kaj paŝon post paŝo niaj vivoj iĝos pli bonaj kaj pli riĉaj.

Kiam kunlaborantoj de Navalnij vokis al manifestacioj la 23-an kaj 31-an de januaro 2021, centoj da miloj da rusoj disе en la lando sekvis la instigon. La protestoj ne estis permesitaj kaj la polico agis agrese, evidente por timigi homojn kaj tiel eviti pliajn protestojn. Laŭ la civitana organizaĵo OVD-Info, registranta arestojn dum protestoj kaj proponanta juran helpon, la suma kvanto de protestantoj kaptitaj de lia polico estis preskaŭ 10 000 homoj.

La plej grandaj protestoj, kiel kutime, okazis en Moskvo kaj Sankt-Peterburgo, sed manifestacioj estiĝis ĉie en la landego. Tute ne ĉiuj protestantoj estis spertaj manifestaciantoj. Laŭ enketo farita en Moskvo dum la protestoj de la 23-a de januaro 42 procentoj el la pridemanditoj partoprenis proteston unuafoje en sia vivo. Multe pli ol duono el la protestantoj estis malpli ol 35-jaraj, kaj preskaŭ duono estis virinoj, kio maloftas ĉe nepermesitaj protestoj. Kutime tiajn partoprenas ĉefe viroj.

Enketo dum la protesto de la 31-a de januaro en Sankt-Peterburgo donis similan rezulton: 17 procentoj partoprenis en protesto unuafoje, pliaj 30 procentoj unuafoje protestis la 23-an de januaro. Multe pli ol duono el la protestantoj en Sankt-Peterburgo havis universitatan edukon kaj majoritato el ili protestis unuavice ne kiel aktivaj subtenantoj de la politiko de Navalnij, sed ĉar ili volis manifestacii kontraŭ la provo de murdo kaj la malliberigo.

* * *

Unu el la nespertaj protestantoj en Sankt-Peterburgo estis la studento kaj demokratia aktivulo Jelena Skvorcova. La 23-an de januaro ŝi unuafoje en sia vivo partoprenis nepermesitan proteston. Ŝi simple opiniis, ke post la konsternaj okazaĵoj estus hontinde resti hejme, kiam estis okazonta proceso kontraŭ Navalnij.

– Ja estis espereto, ke se venos multegaj homoj, tio povus influi la pluan sorton de Navalnij. Multaj unuafoje eliris por protesti. Sed bedaŭrinde tio ne donis la rezulton, je kiu ni esperis.

Samkiel multaj aliaj, ŝi hezitas nomi sin "subtenanto" de Navalnij.

– Mi sekvas tion, kion li faras, mi spektas liajn esplorojn en Youtube, mi sekvas la agadon de FBK kaj havas amikojn kiuj laboras en la stabejo de Navalnij. Mi tamen ne certas, ĉu mi voĉdonus por li, se lia nomo aperus sur la balotilo, sed ĉi tio temas pri enorma maljustaĵo kontraŭ konkreta homo, kaj oni devas lin subteni en ĉi tiu situacio.

La kialo de ŝia la hezito pri voĉdoni por Navalnij estas, ke laŭ ŝi ne tute klaras, kion li efektive proponas.

– Li kritikas la staton de la aferoj, sed ne proponas ion propran. Tio min ĝenas. Kaj alia afero kiu min ĝenas estas, ke multaj el liaj subtenantoj volas havi nur Navalnij kaj neniun alian. Mi estas konvinkita, ke se ni nur havus justajn elektojn en Rusio, aperus konkurantoj al Navalnij, kiujn mi same povus subteni. Sed eĉ se mi iom kritike min tenas al lia persono, oni ja devas lin subteni en ĉi tiu situacio.

Laŭ diversaj taksoj almenaŭ 10 000 homoj partoprenis la proteston en Sankt-Peterburgo la 23-an de januaro, eble eĉ duoble tiom – sed ne tiel multaj, kiel esperis Jelena Skvorcova.

– Ni tamen estis ege multaj, se konsideri, ke estis nepermesita protesto. Mi devis porti megafonon por miaj amikoj el la stabejo de Navalnij, sed mi iom malfruis kaj ne trovis ilin, estis tiom da homoj kaj subite mankis ligo en mia poŝtelefono.

La protestantoj iris en grupetoj laŭ la ĉefstrato Nevskij prospekt, kaj poste kilometron norden, al la granda Marsa kampo, kie ili kolektiĝis. Fine ŝi trovis siajn kamaradojn kaj povis transdoni la megafonon. La polico provis haltigi la protestantojn jam ĉe Kazana katedralo.

– Okazis kelkaj malagrablaj incidentoj survoje, sed ni ja atingis Marsan kampon. Tie ni vidis, ke la polico grupiĝas ĉirkaŭ la kampo, kaj ni kredis ke ili kaptos ĉiujn, sed nenio okazis, ni sukcesis foriri senprobleme. Nur iom poste ili komencis kapti protestantojn grandkvante, tion ni vidis jam nur en la reto. Kaj ili ne kaptis same multajn kiel sekvafoje, la 31-an de januaro. Tiam mi ne partoprenis, ĉar mi estis eksterurbe.

Kvankam Jelena Skvorcova ne estis kaptita de la polico dum la nepermesitaj protestoj apoge al Navalnij, ŝi jam havas problemojn pro sia politika agado. Ŝi studas la antaŭlastan jaron en la ĵurnalista programo, sed en januaro 2021 ŝi subite estis elfermita. La formala kialo estas, ke ŝi ne plenumis sian praktikon, sed tio ne veras. La vera kialo laŭ ŝia supozo estas, ke la polico kontaktis la universitaton. Tio kredeble okazis post la 18-a de januaro, kiam ŝi estis kaptita de la polico dum manifestacio subtene al Azat Miftaĥov, doktoriĝa studento en Moskvo, kiu en tiu tago estis kondamnita al ses jaroj en punkolonio ĉar li troviĝis en la proksimeco kiam estis frakasita fenestro de la loka partia oficejo de Unueca Rusio en la urboparto Ĥovrino en Moskvo.

– Oni asertis, ke mi malobservis la kronvirusajn limigojn, kaj evidente la universitato estis informita. Tion mi scias, ĉar alia studento estis kaptita de la polico kune kun mi. Ŝi studas ĉe alia universitato, kaj la disciplina komisiono tie havis kunvenon por elfermi ŝin. Mi scias, ke tiu komisiono faris demandon pri mi, kvankam mi neniel rilatas al tiu universitato.

Jelena Skvorcova tre volas finfari siajn ĵurnalistajn studojn, kaj ŝi apelaciis la elfermon al la ŝtata inspektejo pri edukado, sed la utilo estas dubinda. La aŭtoritatoj ja ĝuste volas timigi studentojn por ke ili ne protestu kontraŭ la potenculoj.

En januaro 2021 la sendependa studenta gazeto *Doxa* en Moskvo raportis pri granda kvanto da kazoj, en kiuj universitatoj kaj altlernejoj multloke en Rusio premis studentojn kaj minacis ilin per elfermo, se ili partoprenos en la protestoj. La kunlaborantoj de la gazeto tiam publikigis ankaŭ videon, en kiu ili atentigis, ke la minacoj pri elfermo estas kontraŭleĝaj.

La kontrola aŭtoritato por amaskomunikiloj, Roskomnadzor, tiam asertis, ke kontraŭleĝa estas ĝuste la video de *Doxa*, kaj postulis ke ĝi estu malpublikigita. *Doxa* konsentis fari tion, sed tio jam ne savis la redakcion. Meze de aprilo, samtempe kiam ekkreskis la premo kontraŭ la stabejoj de Navalnij, la polico sturmis *Doxa* kaj ĝiajn kunlaborantojn. Traserĉoj okazis en la redakcio, hejme ĉe kvar ĵurnalistoj kaj eĉ ĉe iliaj gepatroj. La studentaj ĵurnalistoj estis akuzataj pri "ekstremismo" laŭ la nova paragrafo 151.2 de la rusa kriminala kodo: "agitado al neplenaĝulo pri vivdanĝeraj agoj". La maksimuma puno estas trijara enprizonigo.

* * *

La 31-an de januaro, du tagojn antaŭ la kortuma kunsido, kie Aleksej Navalnij estis kondamnita al senkondiĉa enprizonigo, almenaŭ 5 754 homoj en 87 urboj dise en Rusio estis kaptitaj de la polico lige kun la nepermesitaj protestoj subtene al Navalnij. Unu el la 1 315 kaptitoj en Sankt-Peterburgo estis la 43-jara Aleksej, kiu laboras kiel vendisto en vinbutiko. Li ne volas ke lia familia nomo aperu publike, ĉar li jam havas sufiĉe da problemoj – la polico kontaktis lian labordonanton lige kun la afero.

– Mi ja protestis ankaŭ pli frue. Iamaniere ni devas montri, kion ni opinias. Vi ja scias, kiel okazas la elektoj ĉe ni. Kion plian ni povas fari? La sola eblo estas eliri kaj protesti.

Aleksej estis kaptita de la polico kiam la protesto la 31-an de januaro jam estis finita. Li pensis, ke la danĝero pasis. Li estis surstrate kun amiko kaj atendis la edzinon, kiu ne povis partopreni ĉar ŝi laboris. Ŝi devis veni preni ilin per aŭto. Sed venis la polico.

– Mi kaj mia amiko jam finis nian partoprenon en la protesto. Ni estis irantaj for de tie, sur Pionira placo, en la suda parto de la urbocentro. Ni estis proksime al Infana teatro, kiam la polico komencis ĉasi ĉiujn. Kiam ni ĉirkaŭiris la angulon, estis tute malplene sur la placo, kaj ni decidis transiri ĝin diagonale. Tiam de ie flanke aperis du aŭ tri kurantaj policanoj en tumulta ekipaĵo. Mi havis flageton kun la teksto "Unu por ĉiuj kaj ĉiuj por unu", do ili prenis min. Mian amikon ili ne tuŝis.

Aleksej estis enpuŝita en polican buseton kiu jam plenis je suspektataj protestintoj. La plej multaj estis kaptitaj post la protesto, precize kiel Aleksej. La buso veturis dudekon da kilometroj suden, al la malnova urbeto Kolpino, nun antaŭurbo de Sankt-Peterburgo. Ĉiuj kaptitoj estis akuzitaj pri malobservo de la kronvirusaj reguloj.

– Tio estis stranga. Ni estis ja nur du, mi kaj mia amiko, kaj ni ambaŭ portis maskon. Eble mi tiris la mian suben, sed ja estis neniu plia en la proksimo. En la metroo aŭ en buso homoj staras multe pli proksime unu al la alia ol ni faris tie ekstere.

La telefonoj ne estis forprenitaj, kaj jam en la buseto la kaptitoj kontaktis la civitanan organizaĵon OVD-Info. Tra la organizaĵo ili rapide ricevis helpon de advokato, kaj la polico traktis ilin relative bone, diras Aleksej.

– Malagrable estis, ke ili tenis nin enŝlositaj dum dek du horoj, kaj ni ne ricevis manĝaĵon, nur akvon. Sed mia edzino venis kun sia frato, kaj ili povis transdoni manĝaĵojn kiujn mi dividis kun la aliaj. Ankaŭ parencoj de aliaj kaptitoj alportis manĝaĵojn, kaj la advokaton oni enlasis senprobleme, ne estis kiel en Moskvo, kie la kaptitoj estis tute izolitaj.

Aleksej kredas, ke la celo de la ampleksaj policaj operacioj estas timigi la protestantojn. Li ja mem iom ektimis, speciale ĉar la polico kontaktis lian labordonanton. Li estis kondamnita al punpago de 10 000 rubloj (110 eŭroj) samkiel ĉiuj aliaj, kiujn li konas de la sama polica buseto. Dum la dek du horoj en Kolpino la kaptitoj havis multe da tempo por interkonatiĝi, babili kaj interŝanĝi adresojn.

Aleksej ne intencas ĉesi protesti, sed li ja intencas estonte iom pli atenti.

– Gravas montri ke ni estas multaj, sed mi restos iom pli fone. Mi ja ne volas denove esti portita al la policejo. En la laborejo okazis al mi stranga afero. Mi vendas vinon en butiko, kiu apartenas al ĉeno. Nia plej proksima ĉefo telefonis al mi kaj diris, ke la polico telefonvokis lin por ricevi pritakson pri mi. Li demandis, kio okazis. Kiam mi poste parolis kun li, li diris ke la ĉefa ĉefo eksciis ke mi partoprenis la protestojn, kaj opiniis ke mi estu eksigita, sed ke li defendis min. Mi ne vere scias, ĉu tio estis malbona ŝerco aŭ io alia.

Samkiel multaj aliaj protestantoj, ankaŭ ĉi tiu Aleksej ne nepre volas nomi sin subtenanto de Aleksej Navalnij. Politiko pro diversaj kialoj estas nepopulara temo de diskutoj en Rusio – se iu ekparolas pri politiko dum komuna vespermanĝo estas granda risko, ke la festo estos detruita. Kaj se iu estas sufiĉe stulta por diri, ke li fidas iun politikiston, tiu tuj estos malkaŝita kiel neserioza naivulo. Tamen Aleksej konfesas, ke li ja ŝatas Navalnij.

– Mi ŝatas tion, kion li faras, kaj kiel li vidas la estontecon de Rusio. Sed ne estas tiel, ke mi sendus monon al lia organizaĵo. Tamen mi komprenas, ke li ĝuste nun estas la plej forta opozicia politikisto en Rusio. Ja estas aliaj, sed neniu estas sur la sama nivelo kiel li.

La laboro de Navalnij kontraŭ korupto estas grava, kaj estas bone, ke li malkaŝas la trompadon de la potenculoj, sed antaŭ ĉio Rusio bezonas verajn elektojn, diras Aleksej.

– Kiel ordinara civitano mi ne ŝatas tion, kio nun okazas ĉe ni en Rusio. Mi opinias, ke la potenculoj devas esti regule ŝanĝataj per demokratiaj elektoj. Ja okazas, ke ne ĉiam iĝas tiel kiel oni volis, sed tiam oni povas denove ŝanĝi la potenculojn en la sekvaj elektoj. Kaj la bona afero pri Navalnij estas, ke li klopodas labori en tiu direkto, ke ni havu verajn elektojn. Mi ne scias, ĉu mi nepre volus vidi ĝuste lin kiel prezidenton, sed li estas persono, kiu laboras por ke ni havu normalan, demokratian ŝtaton, en kiu la potenculoj estu devigitaj aŭskulti la civitanojn.

*   *   *

La 45-jara kuracisto Jurij Ĵ. en Sankt-Peterburgo ne estas same singarda kiel multaj aliaj – li tuj diras, ke li ja estas subtenanto de Aleksej Navalnij. Sed li aliflanke ne eliris kaj protestis por Navalnij en januaro, estis malhelpoj.

– Tio, kion Navalnij faras, estas tre okulfrapa, komplete ekster nia kutima politika ordo, kaj tion mi ŝatas. Li estas enorme celkonscia, li ĉiam imponis al mi per sia senkompromiseco, kaj tial mi de multaj jaroj donacas monon al lia laboro. Kiam li kandidatis en la urbestra elekto en Moskvo en 2013 mi veturis tien por helpi en la kampanjo. Estis nekredebla sento vidi, ke li kuraĝis stariĝi en la vojo de ĉi tiu enorma ŝtata aparato, kune kun siaj subtenantoj.

La plej malbona afero en la nuna Rusio laŭ Jurij estas la korupto kaj la kompleta indiferento de la potenculoj al la civitanoj. Normala ŝtato kunlaborus kun la kontraŭkorupta fondaĵo de Navalnij, FBK – kiam la ŝtato anstataŭe kontraŭlaboras FBK, tio montras ke la potenculoj estas koruptaj, li opinias.

La perforta historio de Rusio kun revolucioj, militoj, persekutado kaj amasaj ekzekutoj de senkulpaj homoj lasis profundajn spurojn, li poste diras.

– La tuta socio estas traŭmatigita. Oni instruis al ni, ke perforto estas normala. Kaj se vi kuraĝas esti memstara, diri kion vi opinias

— 105 —

kaj iri kontraŭ la sistemo, tiam ni scias, ke la sistemo perfortos vin en pli da manieroj ol eblas imagi.

Ne facilas kontraŭstari al la perfortmaŝino de la ŝtato, sed Navalnij kaj liaj kunlaborantoj faras bonan provon, diras Jurij.

– Spite persekuton kaj perforton ili klopodas agadi ene de la kadro de la konstitucio kaj fari siajn postulojn en civilizita maniero. Ilia laboro estas ekzemplo pri tio, kiel oni povas kontraŭlabori la perforton. Ili povas fari tion, ĉar ili havas sian internan veron. Ili estas konvinkitaj pri siaj valoroj kaj ili ne kapitulacas.

Ne nur Navalnij estis venenita, li poste diras, sed la tuta rusia socio. Venenita per mensogoj.

– Mensogo en ĉiuj formoj estas memdetrua. Kio okazas, kiam la mensogo estas multobligata per la amaskomunikiloj kaj plantita en la cerbojn kaj korojn de infanoj? La ŝtata korpo nun venenas sin mem, ĝi estas malsana. Estas kvazaŭ malica tumoro kiu venenas la histojn, kaj mi ne scias, kiel eblas ĝin kuraci. Bezonatas ia interveno. Ne Navalnij estas en komato, li vekiĝis. La komato minacas nin.

* * *

Kiel skribis Peter Pomerantsev en sia libro pri rusia televida propagando, Rusio estas lando kie nenio veras kaj ĉio eblas. Kio efektive eblas, kompreneble dependas de tio, kiu oni estas. Sed la baza mensogo de la rusia vivo estas konstruita sur sovetia fundamento kaj ĝi estas proponata same al ĉiuj. Jam de cent jaroj, kun kelkjara paŭzo ĉirkaŭ la disfalo de Sovetio, la rusoj lernadas ke neniun eblas fidi kaj ke la vero ne ekzistas. Aŭ ke ekzistas diversaj veroj, depende de tio, kiu demandas kaj kial.

Tiam oportunas elekti veron kiu ne ĝenas, veron kiu ne devigas retaksi la mondobildon, ŝanĝi la rutinojn aŭ kiu alimaniere penigas. Tiel ni ja ĉiuj faras de tempo al tempo, kiam ni ignoras la okazantan klimatkatastrofon aŭ aliajn aferojn, pri kiuj ni preferas ne pensi. En Rusio ekzistas multo, kion indas ignori, se oni ne volas ekkonflikti kun la ĉirkaŭa realo – sed ekzistas ankaŭ simpla maniero certigi, ke ĝenaj veroj restu for. Sufiĉas, ke oni sekvu nur ŝtatajn kaj aliaj Kremlemajn amaskomunikilojn. Tio facilas, ĉar tio inkluzivas preskaŭ ĉiujn grandajn amaskomunikilojn en Rusio.

Tial klara majoritato de la rusoj rifuzas kredi, ke Aleksej Navalnij estis venenita de la sekurservo FSB, spite la ampleksan aron de pruvoj. Tuj post kiam Navalnij publikigis la telefonvokon kun la FSB-agento Kudrjavcev, la sendependa opiniesplora instituto Levada publikigis rezultojn de enketo pri la venenado. Nur 15 procentoj el la pridemanditoj opiniis, ke temis pri provo de la rusiaj aŭtoritatoj liberiĝi de kontraŭulo. 30 procentoj kredis, ke Navalnij entute ne estis venenita, 19 procentoj kredis, ke lin venenis okcidentaj sekretaj servoj, 7 procentoj kredis ke lin venenis iu viktimo de liaj esploroj pri korupto, kaj 6 procentoj kredis, ke temas pri internaj konfliktoj en la rusia opozicio. 19 procentoj respondis "mi ne scias".

La ciferoj estas videbla rezulto de la ŝtata propagando, kiu ekde aŭgusto 2020 distrumpetas plej diversajn versiojn pri tio, kio povis okazi al Navalnij. Eble li estis venenita en Germanio? Eble lin venenis liaj kolegoj? Aŭ li simple drinkas tro. La sola komunaĵo de la diversaj versioj estas, ke la afero neniel povas rilati al la rusiaj sekurservoj – ĉio kio ŝajnas montri en tiu direkto estas nur plia pruvo pri la "fiksiĝo al la pantalonfenda regiono" ĉe Navalnij, kaj pri la enmiksiĝo de fremdaj potencoj en la internaj aferoj de Rusio.

Same kiel post la faligo de la pasaĝera aviadilo MH17 super orienta Ukrainio en junio 2014, la propagando direktiĝas al elpensado de daŭre novaj versioj pri tio, kio eventuale povis okazi, por konfuzi la publikon kaj igi la rusiajn televid-spektantojn konkludi, ke ĉio estas kiel kutime: nenio veras sed ĉio eblas. Kaj tiam plej facilas ke oni elektu tiun veron, kiu ebligas rutine pluiri en la vivo. Nenio okazis, mi ne scias, aŭ estis eksteraj malamikoj. Tiel plej oportunas.

La saman fenomenon eblas vidi, se demandi la rusianojn, kion ili opinias pri la enprizonigo de Navalnij. En enketo farita de Levada fine de marto 2021, 48 procentoj respondas, ke la verdikto estas justa – proksimume tiom ĉefe ricevas siajn novaĵojn per la televido. 29 procentoj opinias la verdikton nejusta, 23 ne scias, kion opinii.

Sed plej konsterna en la enketrezulto tamen estas, ke nur 61 procentoj el tiuj, kiuj opinias la verdikton nejusta, krome opinias, ke oni tuj liberigu Aleksej Navalnij. 30 procentoj sin tenas indiferente, dum 8 procentoj opinias, ke li devas resti en prizono, eĉ se li estas maljuste kondamnita. Kiom el la rusianoj do entute scias pri Navalnij, kaj kiom apogas lin? Kiel ĉiam en Rusio, oni devas skeptike sin teni al la precizaj ciferoj, ĉar la respondantoj eble zorge atentas pri tio, kion ilin diras al fremdulo pri sentema afero. Tamen la tendenco evidentas. Laŭ esploro de Levada, farita fine de septembro 2020, el la pridemanditoj 20 procentoj pozitive sin tenas al la agado de Navalnij – duobliĝo kompare kun la antaŭa jaro. Duono de la pridemanditoj sin tenis negative, kaj 18 procentoj neniam aŭdis pri li. En la antaŭa jaro 31 procentoj ne konis lin, do li iĝis pli konata. Kaj denove, tiuj kiuj negative sin tenas al Navalnij estas proksimume same multaj kiel tiuj, kiuj ĉefe ricevas siajn novaĵojn pere de la ŝtata televido – kaj grandparte temas pri la samaj homoj.

* * *

Mia konato Stanislav Belov apartenas el tiuj, kiuj ne sentas simpation al Navalnij. Belov estas informisto ĉe la ŝtata gaskompanio Gazprom, kaj esperantisto. Li loĝas en la bonfarta siberia naftourbo Tjumen. Ĉi tie la plej multaj homoj tute ne interesiĝas pri Navanij. Tamen lia aresto en la komenco de 2021 kaŭzis protestojn eĉ en Tjumen.

Stanislav opinias, ke Navalnij estas potenc-avida rasisto kiun neniel eblas fidi. Lia batalo kontraŭ koruptado estas nura fumkurteno. Krome, li diras, kontraŭ koruptado en Rusio antaŭ ĉio batalas Putin.

– Navalnij tre ofte ŝanĝas siajn poziciojn, li estis naciisto kiam li pensis ke tio donas al li ŝancon ricevi potencon, li estis liberalulo, li eĉ kandidatiĝis por Jabloko, sed prave konkludis, ke li ne ricevos potencon. Do li forĵetis tion, kaj batalas kontraŭ koruptado. Tio ne estas ideologio, sed manko de ideologio. Se vi legos ajnan rusian ĵurnalon vi vidos, ke ĉiusemajne estas kondamnataj kaj malliberigataj por multaj jaroj la plejaj altranguloj, ministroj, guberniestroj, urbestroj. La aŭtoritatoj estas la plej gravaj batalantoj kontraŭ koruptado. Mi provas kontraŭdiri. Ja oni de tempo al tempo arestas potenculojn sur diversaj niveloj, demonstras ilin en la amaskomunikiloj kaj kondamnas ilin pro koruptado. Tio foje okazas ĉar ili ŝtelis pli ol estas permesite, foje ĉar ili pro aliaj kialoj iĝis ĝeno al iu pli supre en la hierarkio. Tamen tio ja nur montras, ke korupta estas la tuta sistemo, mi diras. Kaj Stanislav eĉ konsentas, iugrade.

– Kredu min. Mi povus multe rakonti... Jes, ili ĉiuj estas koruptitaj, sed neniu malliberigas tiom da koruptuloj kiom la aŭtoritatoj. Tio ne estas ideologio. Kiu estas la diferenco? Putin malliberigas koruptulojn. Navalnij diras ke li malliberigos koruptulojn. Tio ne estas bazo.

Stanislav ne enprofundiĝis en la detalojn de la esploro pri la FSB-agentoj kiuj venenis Navalnij, ĉar li jam estas konvinkita ke la konkludo ne povas validi. Eble li ja estis venenita, eble ne, sed ĉiukaze ne de FSB, li diras.

– Mi ne multe legis detalojn, nur ĝenerale kio okazis, sed eĉ ĝenerala bildo klare malkongruas kun simpla logiko kaj la realo kiun mi konas. Nia prezidanto estas homo cinika, sed kvankam sincereco ne propras al li, foje li parolas tre sincere. Kaj li estis tute sincera kiam li diris: se oni dezirus murdi lin, oni lin murdus. Li tute pravas. Se oni dezirus veneni lin, oni uzus por tio venenon, kaj ne tiun fifaman konatan el gazetartikoloj, sed venenon kiu ne lasas spurojn.

Agento de FSB neniam parolus pri sia laboro per publika telefonlinio, do la persono kun kiu Navalnij parolis ne povas esti FSB-agento, opinias Stanislav. Kaj ne vere gravas, ĉu Navalnij kulpas pri krimo aŭ ne, ĉar ajnakaze la puno al kiu li estas kondamnita estas bagatela.

– Tio ne estas gulago, kien homoj iras kaj malaperas. Tri jaroj estas nenio. Li lernos kudri, li lernos fari ion. Mi ne vidas en tio grandan problemon. Ĉu povas esti ke li vere estis kulpa? Jes, povas esti. Li estas homo sen principoj. Li ne estas honestulo kaj tio tre videblas.

* * *

Eblas rezoni pri tio, kiu estas honestulo kaj kiu ne, sed eble tamen io veras en la kotoĵetado? Navalnij eble ne estas nazio kaj nova Hitlero, kiel komprenigas la rusia ŝtata propagando, sed ĉu li eble estas ksenofobo?

Fine de la nulaj jaroj de la 21-a jarcento Navalnij provis alianciĝi kun ekstremaj rusaj naciistoj, kaj li tiam kampanjis por strikta reguligo de la ampleksa labormigrado el Centra Azio. Li partoprenis en la "Rusa marŝo" de la naciistoj kaj provis uzi la latentajn ksenofobiajn tendencojn en la rusia socio por vastigi sian politikan bazon.

"Mi ja estas rusa naciisto", li diris, kiam mi lin intervjuis por la gazeto Sydsvenskan en 2011. Kiam mi demandis, kion li celas per tio, li respondis:

– Rusaj naciistoj estas tiuj, kiuj ne timas malferme diskuti la problemojn de Norda Kaŭkazio, kontraŭleĝa enmigrado, etna krimo, problemojn kaŭzitajn de tio, ke la rusoj estas la plej granda dividita popolo de Eŭropo.

La ĉefa problemo en Norda Kaŭkazio estas Ĉeĉenio, kie la loka diktatoro Ramzan Kadirov kun la favora aprobo de Kremlo aranĝis por si propran islamisman ŝtaton, financatan de rusiaj impostpagantoj. Tiu estas problemo, kiun malmultaj politikistoj kuraĝas tuŝi – tro danĝeras.

Kiam Navalnij parolis pri "la plej granda dividita popolo de Eŭropo" li ŝajne celis, ke Rusio devus labori por la rajtoj de rusoj ankaŭ ekster la limoj de Rusio, sed tio ne ŝajnas esti afero, al kiu li poste dediĉis multe da atento. Li krome tre klare diris, ke li ne subtenas la daŭrantan agreson de Rusio en Ukrainio.

En la jaroj ĉirkaŭ 2010 Navalnij apenaŭ estis la sola, kiu provis profiti de la ksenofobiaj tendencoj en la lando. Eĉ la komunistoj, kiuj el unu rando de la buŝo parolis pri "proleta internaciismo" kaj reunuigo de la tuta multnacia Sovetia imperio, samtempe kampanjis por ke la etna deveno de la posedanto denove estu notita en la rusia enlanda pasporto, samkiel dum la soveta tempo. La reganta partio, Unueca Rusio, siaflanke alianciĝis kun la naciisto Dmitrij Rogozin, unu el la iniciatintoj de la "Rusa marŝo". En sia kampanja filmo dum la lokaj elektoj en Moskvo 2005 Rogozin promesis "purigi Moskvon je rubaĵoj" – kaŭkaziaj migrantoj, kiuj sidis sur benko kaj ĵetis melonŝelojn sur la trotuaron. La filmo kaŭzis, ke la partio de Rogozin estis elfermita el la elektoj pro ksenofobio, kaj lia posta provo fondi "Grandrusan partion" estis haltigita de la aŭtoritatoj. La persona kariero de Rogozin tamen neniel estis malhelpata de liaj ksenofobiaj eldiraĵoj, ĉar li trovis interkonsenton kun la potenculoj. Unue li iĝis la ambasadoro de Rusio ĉe NATO, poste vicĉefministro, kaj poste ĉefo de la korupta tutrusia spacaŭtoritato.

Samtempe oni en la ŝtataj amaskomunikiloj montras Navalnij kiel asertatan faŝiston, nazion kaj ekonomian krimulon. En februaro 2021 la kotoĵeta kampanjo neatendite ricevis apogon de Amnestio Internacia, kiam la organizaĵo decidis ne nomi Navalnij "prizonulo de konscienco". La termino havas nenian juran signifon, sed estas difinita de Amnestio mem.

La 17-an de januaro, tuj post kiam Navalnij estis malliberigita en la flughaveno en Moskvo, Amnestio unue ja decidis nomi lin "prizonulo de konscienco". La decidon sekvis laŭta kampanjo pelita interalie de la rusia ŝtata propaganda televidkanalo *RT*, kie oni kulpigis Navalnij pri instigo al malamo. Fine Amnestio renversis sian decidon kaj decidis ne plu uzi la vorton pri li. La rusiaj ŝtataj amaskomunikiloj plene utiligis la decidon, eknomis Navalnij "prizonulo sen konscienco" kaj asertis ke per sia decido

Amnestio pruvis, ke Navalnij neniel estas politika malliberulo. Ion tian Amnestio ja neniam diris. Amnestio plu opinias Navalnij politika malliberulo kaj postulas lian liberigon. Amnestio tamen decidis ne plu nomi lin "prizonulo de konscienco", ĉar li asertite "subtenis perforton kaj diskriminacion, kaj ne reprenis la koncernajn eldiraĵojn". Kiam kaj kiel Navalnij subtenis perforton kaj diskriminacion, tion Amnestio ne precizigis, kio en la praktiko malebligas al li defendi sin kontraŭ la akuzoj.

Speciale du filmetoj de 2007 estis publike uzitaj kiel argumentoj subtene al la decido de Amnestio. En unu el ili, 42 sekundojn longa filmeto, Navalnij argumentas por leĝa permeso de personaj armiloj. Kontraŭ blato oni povas uzi pantoflon, kaj muŝon eblas frapi per muŝbatilo, li diras, kaj poste daŭrigas: "Sed kion fari, se la blato estas tro granda aŭ la muŝo tro agresa?" Dum li parolas, sur la ekrano malantaŭ li aperas la ĉeĉena terorista estro Ŝamil Basajev kaj liaj kompanoj. Poste figuro vestita en io simila al nigra islamana ĉadoro enkuras kaj atakas Navalnij. Navalnij pafas dufoje. "En ĉi tiu kazo mi rekomendas pistolon", li poste diras.

En la alia, 60-sekunda filmeto Navalnij estas vestita kiel dentisto, sed la nomŝildo sur lia blanka jako tekstas "legitimita naciisto". Unue li distanciĝas de perforta ekstremismo – sed en stranga, miskomprenebla maniero, akompanate de bildoj de perfortaj dekstraj ekstremistoj kiuj atakas enmigrintojn: "Bonan tagon. Mi ofte laboras kun homoj kaj rimarkis ke nian socion trafis kario. Ĉi tiuj kariecaj monstroj nomas sin naciistoj, sed la klinika bildo klaras eĉ al nespecialisto." Poste oni montras naziojn kiuj faras Hitler-saluton. "En ĉi tiu kazo mi rekomendas plenan purigon", li diras. Poste aperas bildoj de mortigitaj germanaj naziaj estroj, faritaj fine de la dua mondmilito. "Oni neniun batu", li diras.

Poste li daŭrigas kaj klarigas, kion oni laŭ li anstataŭe faru: "Ĉio, kio ĝenas nin, estu atente sed decide forigita per deporto. Nur tiuj, kiuj en sia kapo havas fluan kalcion, kredas ke naciismo egalas al perforto. Dento kiu malhavas radikojn estas morta. Naciistoj estas tiuj, kiuj ne volas ke la rusa radiko estu forigita el la vorto Rusio. Ni havas la rajton esti rusoj en Rusio. Kaj tiun rajton ni defendos."

Dum tiu periodo, kaj speciale dum la milito kontraŭ Kartvelio en 2008, li faris ankaŭ aliajn eldiraĵojn kiuj klare proksimas al ksenofobio. Interalie li nomis kartvelojn "ronĝuloj" – la du vortoj tre similas ruse *(gruzini* – *grizuni)*, kaj opiniis ke ĉiuj civitanoj de Kartvelio estu deportitaj el Rusio.

Jam en 2013, dum la urbestra elekto en Moskvo, lia retoriko pri enmigrintoj estis multe pli nuanca. Tiam ĉefe temis pri tio, ke ne plu estu profite al labordonantoj uzi neoficialan laborforton. Samtempe la sidanta urbestro Sergej Sobjanin aranĝis enormajn raziojn kontraŭ senpermesaj enmigrintoj. La razioj estis vaste priraportataj en la ŝtataj amaskomunikiloj tuj antaŭ la elektoj, same la provizora tendaro en industria distrikto, kie la arestitoj estis enfermitaj. Sobjanin plu estas la urbestro de Moskvo.

Sed Navalnij ne klare distanciĝis de siaj malnovaj eldiraĵoj aŭ de sia partopreno en la "Rusa marŝo" de la naciistoj. Ĉu tio signifas, ke li plu restas rusa naciisto? Eble, almenaŭ se oni demandus al li mem – sed kion li tiukaze celas per la vorto? En lia elekta programo antaŭ la prezidenta elekto 2018 el lia "naciismo" restis nur la propono pri devigaj vizoj por civitanoj de tiuj eksaj sovetiaj respublikoj, kiuj estas la ĉefaj fontoj de labormigrado al Rusio.

En 2017 Navalnij debatis kun la rusa naciisto Igor Girkin (Strelkov) – unu el la ĉefaj figuroj en la rusia atako kontraŭ Donbas en orienta Ukrainio – por eltrovi, kiu el ili estas pli vera rusa patrioto. Girkin evidente malaprobis la patriotismon de Navalnij, ĉar Navalnij volas ĉesigi la militon en Ukrainio, plenumi la kondiĉojn de la Minska interkonsento, retiri la rusiajn trupojn, kiuj oficiale eĉ ne troviĝas en Ukrainio, kaj antataŭe militi kontraŭ korupto en Rusio. Li simple volas transformi Rusion al lando kun funkcianta demokratio kaj sendependa jura sistemo.

Kaj nun li malaperis en rusia prizonsistemo. Ĉu vere estis saĝe reveturi?

Haveblas kredindaj raportoj pri polica perforto dum arestado kaj pridemandado. Speciale maltrankviliga estas la situacio en norda Kaŭkazio, kie okazas forraboj kaj torturo de proksimuloj de suspektataj teroristoj kaj de defendantoj de homaj rajtoj. Humiliga pritraktado kaj torturo laŭraporte oftas en la prizonoj de la lando. En 2018 forpasis 2 729 malliberuloj, kio estas signife pli ol la proporcia mezumo en la cetera Eŭropo. Nur malmultaj denuncoj pri perforto fare de prizonaj dungitoj kondukas al leĝa persekuto.

(El raporto de la svedia ministerio de eksterlandaj aferoj pri homaj rajtoj, demokratio kaj principoj de la juroŝtato en Rusio, decembro 2019)

❖

9. Al nigra truo

La 25-an de februaro 2021, Moskvo

Kial Aleksej Navalnij insistis reveturi al Rusio – li devis ja kompreni, kio okazos? Pri tio multaj miras, sed la demando ne novas. Dum jarcentoj, kaj specife dum la sovetia epoko, rusiaj disidentoj fojon post fojo devis kontempli la saman dilemon: ĉu resti hejme kaj riski persekuton pro ĉiu misa vorto – aŭ ĉu fuĝi, kaj iĝi voĉo de krianto en la dezerto, plia ekzilita ruso baldaŭ forgesota en la hejmlando. Longe temis pri elekto inter fuĝo kaj horora ekzekuto. La princo Andrej Kurbskij estis sukcesa militestro de Ivano la Terura, sed estis trafita de cara malfavoro en 1564, meze de milito. Li transiris al la flanko de la Pola-litova unio, kaj de tie havis longan, polemikan korespondon kun la caro. Kurbskij kritikis la krudan subpremon fare de la caro. Ivano respondis, ke li kiel caro povas fari kion li bontrovas, ĉar li ricevis sian potencon rekte de Dio.

En la 19-a jarcento malpli granda estis la risko esti iom post iom pecetigita antaŭ la ofendita caro. La 23-jara studento de fiziko Aleksandr Herzen estis trafita nur de ekzilo al Vjatka, post kiam li en 1834 partoprenis feston dum kiu estis kantitaj netaŭgaj kantoj. Post amnestio li ricevis postenon en ministerio, sed baldaŭ montriĝis tro liberbabila, kaj estis denove ekzilita.

Fine li forlasis la landon kaj fondis la gazeton *Kolokol*, kiu estis kontrabandata al Rusio kaj en mistera maniero ŝajnis koni ĉiujn intrigojn de la kortego. Oni asertas ke eĉ la caro Aleksandro la 2-a legis *Kolokol*, por havi fidindajn, ne favore redaktitajn informojn pri tio, kio okazas en la lando. En simila maniero la nunaj potenculoj ŝajnas sekvi la radi-stacion *Eĥo Moskvi*, kiu pro siaj bonaj kontaktoj ĝis nun povis konservi sian sendependan redaktan politikon.

Post la oktobra revolucio en 1917, ĉiuj opoziciaj politikistoj saĝe faris, se ili laŭeble rapide forlasis la landon, sed tre baldaŭ ankaŭ interna diskuto en la sola partio iĝis mortminaca. Unu post alia ĉiuj voĉoj estis silentigitaj. Inter la lastaj estis tiu de Lev Trockij, la rivalo de Stalino. Li estis ekzilita en 1929, sed tio ne savis lin. En 1940 li estis murdita per pioĉo en Meksiko. La murdinto Ramón Mercader, hispana komunisto kaj sovetia agento, pasigis 20 jarojn en prizono. Poste li veturis al Moskvo por ricevi la plej altan ordenon de Sovetio, rekte el la mano de Aleksandr Ŝelepin, la estro de KGB.

Komence de la 1960-aj jaroj eblis eldiri vidpunktojn iugrade deviajn de la normo, sed post la puĉo kontraŭ Nikita Ĥruŝĉov en 1964 oni denove striktigis la disciplinon. Multaj disidentoj estis senditaj al punkolonioj aŭ enfermitaj en mensmalsanulejoj. Al iuj oni proponis alternativon: forlasu la landon kaj neniam revenu, por eviti prizonon.

Tiu iĝis granda dilemo kiu dividis la sovetian movadon de disidentoj: ĉu estas perfido subiĝi al la premo kaj elmigri – aŭ ĉu tio estas nur racia koncedo al la aparato de perforto, minacanta disrompi ĉiujn, kiuj metas sin en ties vojon?

Unu el tiuj, kiuj konsentis elmigri, estis Ljudmila Aleksejeva. Ŝi estis inter la fondintoj de la Helsinka grupo en Moskvo. La celo de la grupo estis observi, kiel Sovetio plenumas la Helsinkan Interkonsenton de 1975. La sovetia gvidantaro havis nenian intencon plenumi la dokumenton, laŭ kiu ankaŭ Sovetio devis respekti la homajn rajtojn. Por eviti malliberejon, Aleksejeva forlasis la landon en 1977, kaj povis reveni nur post la falo de Sovetio.

Aleksandr Podrabinek aliflanke rifuzis forlasi la landon. Li multe laboris por katalogi la sovetian misuzon de deviga psikiatria enhospitaligo, kaj KGB minacis enprizonigi lian fraton, se ne la tuta familio elmigros. Aleksandr Podrabinek kaj lia frato ambaŭ pasigis jarojn en mizeraj kondiĉoj en punkolonioj kaj enlanda ekzilo. En la sama maniero la nunaj rusiaj aŭtoritatoj unue enprizonigis la pli junan fraton de Aleksej Navalnij, Oleg, kaj nun ankaŭ lin mem.

Facilas esti saĝa post la okazaĵoj kaj aserti, ke evidente pravis Aleksejeva. Ŝi ja savis sin kaj sian familion, dum Podrabinek detruis sian vivon kaj tiun de la frato. La disidenta movado ja ĉiukaze havis nur tre marĝenan influon al la disfalo de Sovetio. Poste la potencon reale konservis la malnova partia burokratio. Kio do ŝanĝiĝus, se ĉiuj disidentoj ricevintaj la ŝancon savus sin mem kaj konsentus elmigri? Eble nenio – tion ne eblas scii. Sed precipe nenion eblas scii pri la estonteco. Diference de la malmultaj, izolitaj disidentoj de la sovetia epoko, Aleksej Navalnij gvidas efektivan politikan movadon por demokratio, kaj lian mesaĝon povas aŭdi ĉiuj, kiuj tion volas. Diference de la disidentoj li efektive estas danĝera por la sistemo – sed nur dum li restas en la lando. Ne eblas sidi en sekuro en eksterlando kaj postuli ke la subtenantoj en Rusio submetu sin al riskoj. "Mi ne timas, ankaŭ vi ne timu", diras Navalnij.

Tial li revenis. Li rifuzas rekoni la reiron al epoko, kiam la sola relative sekura loko por kritiki la regantojn de Rusio estis eksterlando.

Tial la reĝimo de Vladimir Putin nun faras ĉion por rompi la reziston de Navalnij kaj neniigi lian movadon. Tio ne estas signo de forto flanke de la reĝimo – prefere signo de fragilo.

* * *

Sed subite nun neniu scias, kie troviĝas Aleksej Navalnij. Tuj antaŭ sia malapero li havis tempon skribi mallongan leteron al sia edzino, eĉ se daŭros antaŭ ol ŝi ĝin ricevos:

Saluton, karulino!

Hodiaŭ estas la 25-a de februaro, frua mateno.
Hieraŭ mi ricevis kelkajn leterojn de vi, mi volis nun matene
respondi al ili kaj sendi. Sed la komanda centralo de mia spac-
veturilo mesaĝis, ke mi paku miajn aĵojn kaj pretiĝu por trans-
lokiĝo. Ne klaras kien. Eble al la apuda ĉelo, eble al la apuda
regiono :-)
      Kiel ajn, mi amas vin!

Ses tagojn post la malapero, la 3-an de marto, Navalnij estas
trovita: li estas en alia arestejo, en la vilaĝo Kolĉugino, cent dudek
kilometrojn nordoriente de Moskvo. Li sidas en kvaranteno kun
du aliaj malliberuloj. La 12-an de marto li denove malaperas, sed
ĉi-foje li ne forestas same longe: post tri tagoj oni konfirmas, ke li
estas lokita en Punkolonio 2 en Pokrov, kvardek kilometrojn sude
de Kolĉugino.

Jam kiam aperas la unuaj informoj, laŭ kiuj Navalnij kredeble
estos lokita en Pokrov, tien veturas ĵurnalistoj. Ili volas vidi la
prizonon kaj ekscii, kion la lokanoj opinias pri Navalnij. Unu el
la ĵurnalistoj estas Timofej Roĵanskij de la reta televida kanalo
Nastojaŝĉeje Vremja. La plej multaj lokanoj kiujn li intervjuas
opinias, ke Navalnij kulpigu nur sin mem:

– Same bone se li mortaĉas. Tia porkaĉo, pli fian ulon apenaŭ
eblas elpensi, diras pensiaĝa virino en blua vatita jako.

Kiam Timofej Roĵanskij volas scii, precize kial ŝi tiel forte
malŝatas Navalnij, ŝi respondas, ke ja apenaŭ estas kialo lin ŝati:

– Li ja hontigas nian landon! Li rampas antaŭ la eksterlando
kaj ŝajnigas sin signifa. Kiam li estas antaŭ kortumo, li skoldas
la juĝiston! Pro kio? Mi esperas, ke li longe restos prizonulo, aŭ
mortaĉos.

Mezaĝa viro en trikita ĉapo kaj kamufle ornamita vintra jako
opinias la verdikton justa sed la punon tro malsevera.

– Perfidulojn oni devus mortpafi!

Alia virino en pensia aĝo, kun bele ornamita protekta masko,
opinias ke utilos al Navalnij iom trankviliĝi en la prizono.

– Li havas tro altajn pensojn pri si mem. Li iom ripozu.

La ĵurnalisto trovas ankaŭ kelkajn pli junajn virojn, kiuj sub-tenas Navalnij, sed la plej multaj negative sin tenas aŭ nenion volas diri. Nejuna virino opinias, ke Navalnij ne meritas kompaton, ĉar li volas nur plenigi siajn poŝojn per la mono de aliaj, precize kiel ĉiuj potenculoj.

Virino iom pli ol mezaĝa, en malhele violkolora vatita jako, diras, ke Navalnij ŝin ne interesas.

– Ne, tiaĵoj estas por la junularo. Ni havas nian propran epokon, ni ja estas ordaj homoj. Nia idolo estis Lenino. Boneco, honesto, helpemo. Sed ĉi tio do, kion pensas la junularo? Ili eliru protesti, kaj poste ĉio pretos? Oni ja tamen devos labori. Sendepende de tio, ĉu estu Navalnij aŭ Putin. Pacienco kaj laboro, tio validas.

* * *

La rusia prizona sistemo estas trae korupta, kaj en multaj pun-kolonioj fakte la organizita krimularo regas la ordon. Drogoj, al-koholo kaj poŝtelefonoj estas kontrabandaj de la dungitoj. Sed Punkolonio 2 en Pokrov estas modela institucio de la prizona aŭtoritato FSIN. Ankaŭ pli frue politikaj malliberuloj estis lokitaj ĉi tie. Post liberiĝo ili raportis pri ekstreme severa disciplino kaj totala observado.

La demokrati-aktivulo Konstantin Kotov, kiu estis malliber-igita dum jaro kaj duono pro manifestacio kontraŭ la potenculoj, rakontis, ke dum lia tempo en Punkolonio 2 al li estis entute malpermesite paroli kun aliaj malliberuloj, krom iuj elektitaj "aktivuloj" – malliberuloj, kiuj kunlaboras kun la prizona estraro.

La ekstremnaciisto Dmitrij Djomuŝkin estis kondamnita al 2,5 jaroj en punkolonio pro foto de naciista manifestacio, kiun li publikigis en la reto. Je sia alveno al la punkolonio li ricevis demandon pri lia sinteno al Putin. Kiam li diris, ke li ne ŝatas la prezidenton, li estis metita sub speciala kontrolo. Tion li poste ra-kontis en intervjuo:

"Oni donis al mi ok monatojn en tiu punbarako. Mi parolis kun neniu, homoj tie freneziĝas. Oni devas stariĝi, kiam aperas aktivulo. Ĉu vi povas imagi, 20 aktivuloj iradas tien-reen kaj vi iĝas kiel marioneto. Ĉu vi sidas, ĉu staras, sed daŭre vi devas teni la gambojn kunpremitaj, teni la kapon klinita, la manojn malantaŭ la dorso."

La gardistoj ĉion direktas per fera mano, kaj ĝis lastatempe perforte: novuloj estis regule kaj sisteme batataj. La fizika perforto laŭraporte ĉesis, sed cetere la tortursimilaj kondiĉoj ŝajnas resti. Ekzemple, malliberuloj "inklinaj al fuĝo", kiel Aleksej Navalnij, estas vekataj kun regulaj intervaloj por kontroli ke ili ne jam fuĝis. Jen kion skribis Navalnij en la unua mesaĝo, kiun li sukcesis transdoni el la punkolonio:

Tri aferoj ne ĉesas min mirigi. La stela ĉielo super ni, la kategoria imperativo en ni, kaj la eksterordinara sento, kiam oni movas la manon laŭ sia novrazita kranio.

Salutojn al ĉiuj el "Altsekura sekcio A".

Mi devas konfesi, ke la rusia prizona sistemo sukcesis min surprizi. Mi ja ne povis imagi, ke oni povus konstrui veran koncentrejon nur cent kilometrojn de Moskvo.

Mi vidis neniun perforton aŭ eĉ plej etan aludon al ĝi, kvankam la malliberuloj, kiuj staras rigide kaj timas eĉ turni la kapon, per sia sinteno facile igas min kredi ĉiujn rakontojn, laŭ kiuj oni ĉi tie en Punkolonio 2 en Pokrov ĝis tute lastatempe kutimis bategadi homojn per lignaj marteloj. Nun la metodoj ŝanĝiĝis, kaj mi sincere dirite apenaŭ povas pensi pri alia loko, kie oni parolas tiel ĝentile kaj iusence eĉ amike.

Mi decidis tiel nomi mian novan hejmon: "nia amika koncentrejo".

Reguloj kaj ordonoj, tagaj rutinoj. Senfina kvanto da paragrafoj, kiujn oni obeu laŭlitere. Sakraĵoj kaj krimula slango estas malpermesitaj. Kaj tiu malpermeso estas severe observata. Ĉu vi povas imagi prizonon, kie neniu sakras? Terura afero.

Kameraoj ĉie, ĉio estas observata kaj la plej eta devio kaŭzas denuncon. Ŝajnas ke iu supre en la hierarkio legis "1984" de Orwell kaj diris:

– Ho, jen! Amuze! Tiel ni faru. Eduko per malhomigo.
Sed se sinteni al ĉio kun humuro, eblas elturniĝi.
Do ĝenerale ĉio estas en ordo pri mi.
Eĉ troveblas kolorplenaj momentoj en la nigra-blanka ĉiutago.
Ekzemple mi havas ŝildeton sur mia brusto kun mia nomo kaj mia
foto, kaj ĝi estas trastrekita per ruĝa linio. Mi ja estas inklina al
fuĝo, tion vi ja memoras? Nokte mi vekiĝas ĉiun horon, kiam viro
en uniforma jako stariĝas apud mia lito. Li min filmas kaj diras:
"Estas la dua horo kaj tridek. La kondamnito Navalnij. Registrita
kiel inklina al fuĝo. Ĉeestas." Kaj mi reendormiĝas trankvile,
pensante pri tio, ke estas homoj, kiuj min memoras kaj neniam
min perdos. Ja estas bele?
Ankaŭ vi ne perdu la kontakton kun viaj proksimuloj. Mi
brakumas vin ĉiujn.

Fidela al sia kutimo, Aleksej Navalnij strebas sin teni al ĉio kun humuro, sed la respondeculoj sur ĉiuj niveloj ŝajnas konsenti, ke lia restado en la prizono devas esti laŭeble malagrabla. Malhelpo normale dormi nokte ja post iom da tempo iĝas torturo. Krome Navalnij ekde la malliberigo en januaro suferas de ĉiam pli fortaj doloroj en la dorso, kaj li estas perdanta la senton en unu gambo. Esploro per magneta tomografio asertite montras, ke li suferas de hernio de vertebra disko, sed neniuj sendependaj kuracistoj rajtas vidi la bildojn.

Kiam krome komencas malaperi la sento ankaŭ en brakoj kaj manoj, oni eksuspektas, ke la simptomoj povas rilati al la venenado. Navalnij ne ricevas permeson renkonti specialistan kuraciston kiun li mem elektis, kvankam tio estas lia leĝa rajto. La aŭtoritatoj eĉ konfiskas instrukciojn pri gimnastiko kontraŭ la doloro, kiujn la advokatoj volis al li transdoni.

Julija Navalnaja apelacias rekte al Vladimir Putin en Instagram:

Putin jam rakontis al la tuta lando, ke li legas la afiŝojn kie mi
turnas min al li. Do jen: mi postulas, ke li tuj liberigu mian
edzon, Aleksej Navalnij, kiun li kontraŭleĝe enprizonigis. Tion li
faris, ĉar li timas politikan konkuradon kaj volas sidi sur la trono

ĝis la fino de sia vivo. Tio, kio nun okazas, estas persona venĝo kaj perforto kontraŭ unu homo antaŭ niaj okuloj. Ĉi tio devas esti ĉesigita tuj.

La pritrakto de Aleksej Navalnij tamen apenaŭ estas nura venĝo, sed precipe provo rompi la reziston de Navalnij kaj lia organizaĵo, devigi ilin al koncedoj. Tial oni traktu Navalnij laŭeble malbone – samtempe ne uzante rektan perforton kaj sen publike malobservi formalajn regulojn. Plej bone por la potenculoj estus, se Navalnij konsentus veturi al eksterlando por plua flegado – kaj neniam revenus. Simple liberigi lin kaj lasi lin libere labori en Rusio estas nepenseblaĵo dum Putin havas la potencon – Navalnij nun estas lia ĉefa malamiko. La subuloj de Putin ne sukcesis rompi la reziston de Aleksej Navalnij, ostaĝigante lian fraton kaj enprizonigante lin dum tri kaj duona jaroj. Nun Aleksej Navalnij mem estas la ostaĝo.

* * *

Por fortigi la premon kontraŭ la movado de Navalnij la potenculoj plu uzas sian strategion ostaĝigi familianojn. En la fino de marto 2021 la pensiulo Jurij Ĵdanov estas arestita surbaze de evidente fabrikitaj akuzoj. Li estas la patro de Ivan Ĵdanov, la estro de la kontraŭkorupta fondaĵo FBK.

La asertata krimo temas pri tio, ke la pli aĝa Ĵdanov dum siaj jaroj kiel malaltranga publika oficisto en vilaĝo en Nenecio ĉe la Arkta maro rekomendis, ke iu persono ricevu subvenciitan loĝejon. Poste montriĝis, ke alia persono en la familio jam ricevis subvencion por simila celo, kaj la decido pri la subvenciita loĝejo estis nuligita.

Jen simpla eraro, kaj jen la afero finiĝus, se ne la filo de la oficisto laborus en la fondaĵo de Navalnij. Nun la aŭtoritatoj anstataŭe sendas specialan krimesploran grupon el Arĥangelsk en norda

Rusio al Rostov-na-Donu en la sudo por aresti la pensiulon Ĵdanov. Lin oni akuzas pri "misuzo de ofico", kvankam eĉ ne estis li, kiu faris la eraran decidon pri subvenciita loĝejo. (La decidon faris ĉefo, kiu membras en la Putina partio.) Kaj neniu ekonomia damaĝo okazis.

La enorma kvanto da laboro uzita por elfosi ion ajn por uzi kontraŭ Juri Ĵdanov klare montras, ke temas pri politika persekutado, same la fakto ke li tuj estis arestita, dum aliaj suspektatoj en similaj kazoj ne estas malliberigataj. Krome kremlemaj retaj troloj tuj komencas disvastigi famojn, laŭ kiuj la kontraŭkorupta fondaĵo de Navalnij estas estrata de "filo de korupta oficisto".

La proceduro tre memorigas pri la elprovita maniero de Stalino kaj poste de KGB, ostaĝigi familianojn aŭ uzi ilin en elpremado por silentigi ĝenajn disidentojn. La iama sovetia disidento Aleksandr Podrabinek – kiu rifuzis forlasi Sovetion kaj estis malliberigita – komparas la hodiaŭan situacion kun la Sovetio de la 1970-aj jaroj.

En la 1970-aj jaroj Podrabinek kiel dirite sekrete aŭtoris ampleksan kaj funde dokumentitan raporton pri tio, kiel deviga flegado en mensmalsanulejoj estas uzata por rompi la reziston de disidentoj. Post ampleksa operaco KGB sukcesis konfiski la manuskripton, sed kaŝita kopio estis kontrabandita el la lando kaj publikigita. La libro aperis unue en la rusa kun la titolo *Karatelnaja medicina* ("Puna medicino") kaj baldaŭ ankaŭ en la angla, kun la titolo *Punitive Medicine*. La sovetiaj aŭtoritatoj provis devigi Podrabinek elmigri al Israelo kun la tuta familio, akuzante lian fraton pri krimo. Kaj kiam li rifuzis, ambaŭ do fine estis senditaj al punkolonio.

– Ili multe laboras pri la politikaj malliberuloj, ties rezisto devas esti rompita. Ĝuste tio estas la celo, meti politikan kontraŭulon en neelteneblajn cirkonstancojn, tiel ke li estos devigita fari koncedojn al la potenculoj. Tion ili faros al Aleksej Navalnij, diras Aleksandr Podrabinek, kiam li estas intervjuata de la radiostacio *Eĥo Moskvi*.

Aleksej Navalnij tamen ne ŝajnas preta fari koncedojn – se li ja estus, li apenaŭ revenus al Rusio. Kiam li la 31-an de marto daŭre ricevis nenian respondon al sia postulo pri sendependa kuracisto kiun li povas fidi, li deklaras malsatstrikon. En sia letero al Aleksandr Muĥanov, la ĉefo de Punkolonio 2, Navalnij skribas, ke evidente ne indas skribi pliajn plendojn, ĉar li jam dum la tuta pasinta monato ĉiutage senrezulte petadis rajti ricevi medikamentojn kaj renkonti sendependan specialistan kuraciston.

Restas nur malsatstriko, li skribas:

Miaj deziroj estas senpretendaj, evidentaj, kaj la rajto je medicina helpo kaj je esploro fare de invitita specialista kuracisto estas skribita en la leĝo nigre sur blanko. Sed ial ĉi tiu leĝo ne validas por mi.

Spite akrajn, kreskantajn dolorojn, unue en la dorso, poste en la dekstra gambo, kaj nun ankaŭ forfalo de sento en parto de la maldekstra gambo, mi ne ricevis medicinan helpon. Medikamentoj ne estas transdonataj. La kuracisto ne estas enlasata al mi. Kaj cetere, al la diablo la dekstran gambon, Aleksandr Aleksandroviĉ! Mi travivos kun unu gambo, sed ambaŭ mi ne volas perdi. Estus ja maljuste se ĉiuj aliaj ĉirkaŭiradus kun du gamboj kaj mi havus neniun.

Ankaŭ la malsatstrikon oni evidente igu laŭeble malagrabla al Navalnij – kaj samtempe oni ĝin ridindigu. Oni kaŝe metas dolĉaĵetojn en liajn poŝojn, kaj la najbaroj en la barako subite ricevas fornelon, sur kiu ili povas friti kokidojn. Pli frue estis malpermesite kuiri manĝon en la barako, nun tio bonege eblas. Dum du jaroj neniu vidis kokidaĵon en la punkolonio, nun la estraro mendas grandan liveron.

Se la rusiaj aŭtoritatoj pensis, ke Aleksej Navalnij estos forgesita de la mondo kiam li fine trovos sin malantaŭ la prizona krado, la strategio almenaŭ komence ne ŝajnas tute sukcesa. La informoj pri lia malboniĝinta sanstato kaj lia malsatstriko iĝas mondaj novaĵoj kiuj kaŭzas protestojn de EU kaj de la Blanka Domo. La okazaĵoj ĉirkaŭ Navalnij daŭre ricevas grandan atenton ankaŭ en la malmultaj plu ekzistantaj sendependaj amaskomunikiloj en Rusio. La aŭtoritatoj devas prepari kontraŭatakon.

La taskon oni donas al Marija Butina, kiu estis arestita en Vaŝingtono en 2018 kiel rusia agento. Ŝi pasigis en usona arestejo kaj prizono pli ol jaron, kaj estis poste deportita al Rusio, kie ŝi tuj ricevis postenon kiel programgvidisto en la propaganda televidkanalo *RT*. Ŝia programo ŝajne ĉefe celas ridindigi opoziciajn politikistojn ĝenerale kaj Aleksej Navalnij specife. Eĉ la nomo de la programo estas provo moki Navalnij, kiu ofte parolas pri la "rava Rusio de la estonto" *(prekrasnaja Rossija buduŝĉego)*. La programo, kie Butina ridindigas Navalnij anstataŭe nomiĝas "Rava Rusio bu-bu-bu" *(Prekrasnaja Rossija bu-bu-bu)*.

Sendependajn kuracistojn la prizonestro Aleksandr Muĥanov do ne enlasas, des malpli sendependajn ĵurnalistojn. Sed la propagandisto Butina kaj ŝia filmisto estas bonvenaj. Ili rajtas filmi Navalnij sen lia permeso.

Punkolonio 2 estas vera luksejo kompare kun usonaj prizonoj, rakontas Butina. Ĉi tie la manĝaĵoj estas bongustaj kaj nutraj, en Usono la aĵoj liveritaj al la kuirejo ofte estis tro malnovaj, ŝimaj, kaj tie kuris amaso da blatoj. "Ĉu vi tute ne hontas?" ŝi krias al Navalnij antaŭ la kamerao kaj klarigas al li, ke estas nenio priplendinda en ĉi tiu belega punkolonio, ĝi ja estas pli luksa ol la hotelo en ŝia hejma vilaĝo Kosiĥa en suda Siberio.

En la programero, kiun montras la plej gravaj tutlandaj televidkanaloj, Butina vizitas ankaŭ la bibliotekon de la punkolonio. Ŝi rakontas pri la hobiado de la malliberuloj en la kultura klubo. Sur la scenejo staras malliberulo kun gitaro kaj kantas. Ŝi montras la flegejon de la kolonio, dum la parolisto voĉo rakontas, kiel bone oni prizorgas la sanon de la malliberuloj. Sed Navalnij kapricas kaj postulas specialan pritrakton, emfazas Butina.

La 14-minuta programero en la ŝtata novaĵkanalo *Rossija 24* ricevas la titolon "La kaprica paciento. Kiel Navalnij pasigas sian puntempon". Malpli longaj versioj estas montrataj en diversaj novaĵelsendoj. Preskaŭ ĉio estas mensogo. Ja estas biblioteko, sed la sola libro kiun Navalnij ĝis nun sukcesis ricevi estas la Biblio. Ja estas familia ĉambro por vizitoj, sed laŭ antaŭaj malliberuloj de la kolonio ĝi neniam estas uzata, ĉar neniuj familiaj vizitoj estas permesataj. Kaj tiel plu. Sed laŭ Butina pri ĉio mensogas ĝuste Navalnij, ankaŭ pri la malsatstriko:

– Li provas nur tiri al si la atenton, en ajna maniero. Krome li tute ne aspektas kiel malsatstrikulo. Kelkaj malliberuloj eĉ diras, ke li precize kiel kutime manĝas kuketojn, kiujn li aĉetas en la butiko de la kolonio.

Butina cetere kandidatas por la reganta partio en la aŭtuna parlamenta elekto.

Navalnij jam anticipe certis, ke la regantoj faros ĉion por misfamigi lian malsatstrikon. Sed li ne kredis, ke ili estos sufiĉe infanecaj por meti dolĉaĵojn en liajn poŝojn, li rakontas. En afiŝo en Instagram, publikigita de liaj kunlaborantoj, Navalnij skribas:

Estis ĝusta decido ekde la unua tago de la malsatstriko eniri la kuirejon nur en la akompano de gardisto kun ŝaltita surbrusta kamerao. Trinki eblas nur en la kuirejo. Mi eniras, trinkas el la ujo kun la teksto "ujo por trinkakvo", estas filmata, kaj mi eliras.

Sekve, kiam ĉiuj Kremlaj kanaloj montris raportaĵojn pri tio, kiel Navalnij sekrete manĝas kuketojn, la malliberuloj, kaj eĉ iuj gardistoj, diris "ha, mensogo".

La provon delogi lin per fritita kokido Navalnij vidas kiel pruvon de tio, ke la potenculoj en Rusio simple ne kapablas kompreni, ke inter fritita kokido kaj la propraj idealoj iu povus elekti ne la kokidon.

Konsentas kun li la politika sciencisto Andrej Kolesnikov, kiu verkas en la rusa eldono de la periodaĵo Forbes: "La regantoj de Rusio neniam kredis, kaj ankaŭ nun ne kredas, je la eblo ke la konduto de homo povus esti bazita sur principoj kaj moralo. Ili ĉiam kredas, ke malantaŭ la scenejo staras iu alia, kaj ke ĉi tiu alia pagas."

En la propagando Navalnij nature estas montrata kiel ŝtatperfidulo kaj okcidenta agento. Multaj el la potenculoj eĉ ŝajnas efektive kredi sian propran propagandon, samkiel multaj en Rusio vere kredas, ke la protestantoj kiuj subtenas Navalnij ricevas pagon de iu en la okcidento. Siatempe la sovetiaj disidentoj same estis montrataj kiel pagataj agentoj de la okcidento, kaj multaj kredis la mensogojn.

Tamen la hodiaŭa Rusio estas tute alia lando ol Sovetio. Dum tio ne iĝas vera minaco al iu potenculo, ne estas same danĝere esprimi devian opinion, kaj en la reto ĉiuj dezirantoj ĝis nun povas ricevi necenzuritajn novaĵojn. Tial la propagando kontraŭ Navalnij en la ŝtataj amaskomunikiloj estas bezonata, eĉ se la potenculoj certe preferus, ke li laŭeble rapide estu tute forgesita.

En Sovetio estis multe pli malfacile ricevi necenzuritajn informojn, sed ne maleblis – la patro de Aleksej Navalnij ja aŭskultis *Voice of America* por ekscii, kio okazas en Afganio. Laŭ kredeblaj taksoj, en 1980 proksimume kvarono el la loĝantaro de Sovetio almenaŭ unufoje semajne aŭskultis ruslingvajn elsendojn el la okcidento. Plej populara estis ĝuste *Voice of America* – parte pro la muzikprogramoj, sed ankaŭ ĉar la sovetiaj aŭtoritatoj ne ĝenis tiujn elsendojn same severe kiel la programojn de la pli politike orientita *Radio Svoboda*. Kaj ĉar la okcidentaj novaĵprogramoj rakontis pri sovetiaj disidentoj kaj politikaj malliberuloj, la sovetiaj gazetoj de tempo al temo devis publikigi kotoĵetajn artikolojn pri la malsamopiniuloj. Precize kiel Navalnij, ankaŭ ili estis montrataj kiel perfiduloj kaj agentoj de la okcidento.

* * *

Ankaŭ la sovetiaj politikaj malliberuloj uzis malsatstrikon kiel la lastan rimedon por protesti kontraŭ la traktado al kiu ili estis subigataj. La ricevinto de la Nobela pacpremio, Andrej Saĥarov, estis izolita en Gorkij (nun Niĵnij Novgorod) post kiam li kritikis la sovetian enmarŝon en Afganion. Li plurfoje malsatstrikis kaj estis devige nutrata en hospitalo. Tiun metodon oni uzis en rusiaj prizonoj ankaŭ en la lastaj jaroj. La ukrainia filmisto Oleh Sencov, kiu en Rusio estis kondamnita al 20 jaroj en prizono, ĉar li asertite estis "gvidanto de terorgrupo en Krimeo", malsatstrikis 145 tagojn. Li finis sian malsatstrikon, kiam oni miancis lin per tortursimila deviga nutrado. (Sencov poste estis liberigita en interŝanĝo de malliberuloj kun Ukrainio.)

En la kazo de Aleksej Navalnij pasis ne multe pli ol semajno antaŭ ol li estis minacata per trudkitelo kaj perforta nutrado. Fine la granda publika atento tamen iĝis troa, kaj la prizona aŭtoritato duone konsentis al la postuloj de Navalnij. Tuj antaŭ la tutlanda protesto, kiun liaj apogantoj anoncis por la 21-a de aprilo, Navalnij fine estis esplorita de specialistaj kuracistoj en eksterprizona hospitalo en Vladimir. La rezultoj de la testoj estis disponigitaj al liaj propraj kuracistoj kaj advokatoj. La 23-an de aprilo Navalnij finis sian malsatstrikon. Li atingis almenaŭ duonan venkon – sed tiu estis nur la unua el multaj bataloj, kiujn li havas antaŭ si en la prizono, atentigis la iama politika malliberulo Miĥail Ĥodorkovskij.

Ne ĉiuj, kiuj malsatstrikis dum la sovetia epoko, pretervivis. En decembro 1986 la 48-jara politika malliberulo Anatolij Marĉenko mortis post trimonata malsatstriko. Lia postulo estis, ke ĉiuj politikaj prizonuloj estu liberigitaj, kaj lia forpaso kaŭzis internacian skandalon. Ĝi siavice kontribuis al la decido de Miĥail Gorbaĉov en 1987 liberigi la politikajn prizonulojn. Antaŭ sia morto la homrajta aktivulo Marĉenko pasigis dudekon da jaroj en punkolonioj aŭ en enlanda ekzilo.

Estas pliaj similaĵoj inter la persekutado de la sovetia disidenta movado kaj la traktado de Aleksej Navalnij kaj liaj kunlaborantoj. Oni povus pensi, ke la respondeculoj trovis kaj studis la malnovan gvidlibron de KGB.

La disidento kaj iama politika malliberulo Aleksandr Solĵenicin, kiu ricevis la Nobel-premion pri literaturo en 1970, estis venenita, kredeble per ricinino, kiam li vicatendis en nutraĵbutiko en Novoĉerkassk en suda Rusio en aŭgusto 1971. Li malsanis dum tri monatoj sed pretervivis. Dum tiu periodo KGB laŭdire havis apartan sekcion nur por Solĵenicin. Post la falo de Sovetio loka KGB-agento el suda Rusio rakontis pri sia parto en la operacio.

Pri la venenado respondecis anonima "specialisto" el Moskvo. La lokaj agentoj gvatsekvis Solĵenicin ĝis aperis taŭga momento por nerimarkite aliri la "objekton". Tiam la specialisto el Moskvo stariĝis malantaŭ Solĵenicin en la butika vico. Alia, loka agento staris apude kaj obstaklis la vidaĵon.

– Mi ne povis klare vidi, kion li faras, sed mi memoras la movojn de liaj manoj, kaj ke li havis iun aĵon en unu mano. Daŭris eble du minutojn, rakontis la emerita kolonelo de KGB Boris Ivanov en 1992 al la gazeto *Soverŝenno sekretno*. Laŭ lia kompreno la celo estis mortigi la disidentan aŭtoron.

Solĵenicin mem nenion rimarkis kiam la veneno estis aplikata, sed baldaŭ estis trafita de simptomoj similaj al severaj brulvundoj, kun grandaj vezikoj sur unu gambo. La kuracistoj ne povis kompreni, kio kaŭzis la lezon, kaj neniaj ungventoj helpis. Dum la unuaj semajnoj la doloro estis neeltenebla, kaj daŭris plurajn monatojn antaŭ ol Solĵenicin tute resaniĝis.

La ĉefverko de Solĵenicin pri la sovetiaj punkolonioj, *La Gulaga arkipelago*, fine aperis en la rusa. Tio okazis en Parizo en decembro 1973. La 12-an de februaro 1974 Solĵenicin estis arestita. Oni akuzis lin pri ŝtatperfido, nuligis lian sovetian civitanecon, kaj la sekvan tagon ekzilis lin al Germanio.

Sammaniere ankaŭ Navalnij ŝajne estis sekvata de tuta sekcio de la sekurservo. Precize kiel Solĵenicin, ankaŭ li sin trovis en Germanio, kaj el la vidpunkto de Kremlo sendube plej bonus, se li simple restus tie. Kiam li insistis reveni, oni esperis, ke post enprizonigo li rapide malaperus el la publika atento. Sed almenaŭ komence tiel ne funkciis.

Tamen tiuj, kiuj ne volas vidi, ĉiam trovas kialon rigardi alidirekten.

Tuj kiam oni eksciis, en kiu punkolonio estis lokita Navalnij, liaj kolegoj aranĝis por li abonojn al pluraj gazetoj. Laŭ la rusia kriminala kodo malliberuloj rajtas libere aboni periodajn eldonaĵojn – sed tiu leĝo ne validu por Navalnij, evidente opinias la prizona estraro. Ili ĉion kaptas kaj cenzuras. Kiam Navalnij fine ricevis la unuan gazeton, ĝi estis dek tagojn aĝa ekzemplero de la opozicia *Novaja Gazeta*, kie unu artikolo estis fortranĉita. Laŭ la prizona estraro la artikolo instigis al perforto. Tion ĝi tute ne faris. La artikolo temas pri tio, kiuj malamas Navalnij kaj kial. Laŭ la aŭtoro Gasan Gusejnov, la malamantojn eblas dividi en du grupojn.

La unua grupo estas tiuj, kies suspektinda aktivado povus esti malkaŝita de Navalnij.

La dua grupo, al kiu eble apartenas la majoritato de la rusia loĝantaro, simple elektas kredi nur aferojn, kiuj ne devigas ilin al malagrablaj decidoj: "Navalnij certe estas marioneto de la okcidento, certe li estas enprizonigita ne sen kialo, kaj ajnakaze li estas tro impertinenta". Ili ne volas kredi ke la malsatstriko de Navalnij estas malfalsa kaj ke li efektive pretas riski sian vivon. Ili kredas, ke ĉio temas nur pri provo altiri atenton.

Ili rifuzas kredi, ke Navalnij vere celas tion kion li diras – almenaŭ dum li ne mortas. Kaj se li ja mortos, ili tamen ne kredos tion – tiam ili simple konkludos, ke li estis frenezulo.

La respekto al la homaj rajtoj en Rusio plu degeneras post la ondo de protestoj kontraŭ balotada trompo kaj korupto en 2011–12 kaj post la reveno de Vladimir Putin al la prezidenta posteno en 2012. La kvanto de subpremaj procedoj kreskis rimarkinde, kun leĝofarado, propagando kaj politikigita jura sistemo kiel la ĉefaj iloj. Kreskis la kvanto de personoj, kiujn oni konsideras juĝitaj pro politikaj kialoj.

(El raporto de la svedia ministerio de eksterlandaj aferoj pri homaj rajtoj, demokratio kaj principoj de la juroŝtato en Rusio, decembro 2019)

❖

10. Morna epoko

Majo 2021

Malmulto pli timigas rusianojn ol la ŝtato. Eĉ la morton oni nun malpli timas ol arbitrajn agojn de la potenculoj. Neniam post la disfalo de Sovetio la rusianoj tiom timis eblajn elpensaĵojn de la ŝtato. En esploro farita de la sendependa opini-instituto Levada en marto 2021, 52 procentoj el la respondintoj diris, ke ili "konstante timas" reiron al la amasaj persekutadoj de la sovetia epoko. Pliaj 16 procentoj diris, ke ili foje timas tian reiron. 58 procentoj diris, ke ili konstante timas la arbitron de la potenculoj kaj neglekton de la leĝoj. Kiam la samaj demandoj estis faritaj en 2015, nur 20 procentoj "konstante" timis reiron al la persekutadoj. Do dum ses jaroj pli ol duobliĝis la timo pri la ŝtato.

Se rigardi la politikan evoluon en Rusio dum la pasinta jardeko, facilas vidi la direkton. Iĝas daŭre pli malbone. Ekde la granda ondo de protestoj post la trompa parlamenta balotado en 2011, preskaŭ ĉio en la rusia politiko temas pri pliigo de la subpremado, malfaciligo de opozicia aktivado kaj stampado de ĉiuj kontraŭuloj kiel eksterlandaj agentoj.

La provo liberiĝi de Aleksej Navalnij estas tipa ekzemplo de tiu politika evoluo. Kvankam ja apenaŭ temas pri evoluo, sed prefere nuligo de ĉia politiko kaj ĉiaj politikaj alternativoj. La ŝanĝo de la konstitucio, realigita dum 2020, kreas fundamenton por tute monolita sistemo, kie ne plu estas loko por ajna Navalnij. La nova konstitucio ebligas al Vladimir Putin resti prezidento ĝis 2036, kaj neniu rajtu defii lian potencon.

Kiam oni balotas, ne estu elekto. Ĉiuj voĉdonadoj temu nur pri plia montro de la forta popola subteno al Vladimir Putin. Sed Navalnij ĝenas la bildon per sia kampanjo pri "inteligenta voĉdonado", instigante ĉiujn voĉdoni por kiu ajn, nur ne por Putin kaj lia partio. La reago de la reĝimo signifas, ke Rusio nun ĉiam pli rapide transiras al nekaŝite aŭtokrata regado.

Tial estas komplete ekskludite, ke Aleksej Navalnij povus esti liberigita kaj denove agadi en la hodiaŭa Rusio, diras la politika sciencisto Vladimir Gelman.

– Mi ja ne ekskludas, ke ili povus lin liberigi, sed tiukaze proksimume en la sama maniero, en kiu Sovetio liberigis disidentojn. Kiel Solĵenicin – lin oni metis en aviadilon kaj elmetis en Germanio. Aŭ kiel Vladimir Bukovskij, kiu estis interŝanĝita kontraŭ ĉilia komunisto. Sed mi ne povas imagi, ke Navalnij estus ellasita el la prizono kaj povus denove libere promeni en Moskvo. Tia evoluo signifus, ke la potenculoj konfesus sian malvenkon.

La neskribita socia kontrakto inter Vladimir Putin kaj la rusia popolo origine temis pri tio, ke la popolo ricevu sian parton de la ekonomia kresko, libere feriu eksterlande kaj ĝenerale faru kion ĝi volas – tamen ĝi ne aktive postulu demokratiajn rajtojn, sed dum elektoj voĉdonu por Putin kaj la reganta partio. Tio funkciis perfekte, dum Putin havis bonŝancon pri la ekonomio. Kaj li ja longe havis.

Unu kaj duonan jaron antaŭ ol Putin ekhavis la potencon, la rusianoj jam la duan fojon ene de kelkaj jaroj perdis siajn ŝparaĵojn, kiam bankoj kolapsis. Post la ŝtata bankroto de 1998 iliaj jam senpretendaj enspezoj duoniĝis. La mezuma monata salajro en 1999 egalis al proksimume 60 eŭroj. Sed la prezo de kruda nafto, kiu dum multaj jaroj falis, denove ekkreskis ĉirkaŭ la jarmilŝanĝo. Ĝuste tiam Putin ekhavis la potencon. Jam en 2001 la reala mezuma salajro denove atingis la nivelon, kiun ĝi havis antaŭ la ŝtata bankroto en 1998, kaj dum pli ol jardeko la rusianoj povis ĝui fortan, preskaŭ seninterrompan ekonomian kreskon. La plej prospera jaro estis 2013. Tiam la meza salajro egalis al 713 eŭroj monate.

— 134 —

Kiel ĉiuj nedemokratiaj sistemoj, ankaŭ la rusia reĝimo staras sur tri piedoj – mono, mensogo kaj subpremado. Dum la komencaj dek kvar jaroj de Putin mono ne mankis, la prezo de nafto altis, kaj la plej multaj en Rusio ĉiun jaron ekhavis pli bonan vivnivelon ol en la antaŭa jaro, kun la escepto de la kriza jaro 2008. Sed ekde 2014 la ŝanĝo okazas en la mala direkto. Printempe de 2021 la meza monata salajro egalis al 570 eŭroj. Kiel ajn oni kalkulu, la reala enspezo de rusianoj malkreskas ekde 2013. Tuj antaŭ la ĉiujara parolado de Vladimir Putin al la nacio la 21-an de aprilo 2021, la rusia statistika buroo decidis prokrasti la publikigon de la plej aktualaj ciferoj pri la evoluo de la salajroj. Oni anoncis, ke unue necesas ĝustigi la kalkulmetodojn. En sia parolado Putin promesis novajn ŝtatajn elpagojn al familioj kun infanoj – sed temis ĉefe ĝuste pri unufojaj pagoj taŭge antaŭ la aŭtunaj parlamentaj elektoj. Pri la ĝenerala malkreska tendenco en la ekonomio li ne povas multon fari.

Kaj kiam la potenculoj ne povas disdoni pli da mono, ili devas des pli uzi la du aliajn stirilojn de la sistemo – mensogojn kaj subpremadon.

Ekde 2014, kiam la rusia agreso en Ukrainio ekis, la mensogoj ĉiam pli temas pri tio, ke Rusion minacas la malamika ĉirkaŭa mondo. Ĉiuj pretu al oferoj en la nomo de la patriotismo.

La subpremado siavice signifas, ke oni dispremu ĉion kaj ĉiun, kiu en ajna maniero minacas la monopolon de la Putina partio je la potenco. Ja eblas vidi en tio multajn similaĵojn kun Sovetio – sed diference de Aleksej Navalnij, la sovetiaj disidentoj neniam estis vera minaco al la sistemo, diras Vladimir Gelman.

– Oni povus eble kompari Navalnij kun Lech Wałęsa aŭ Nelson Mandela, kiuj batalis kontaŭ aŭtoritatismaj reĝimoj kaj estis enprizonigitaj en siaj landoj. La sovetiaj disidentoj kompreneble ne estis tute solaj, sed ili reprezentis tre malgrandajn rondojn. Evidente multaj legis *La Gulagan arkipelagon* – aŭ prefere aŭdis ĝin per la radio, ĉar ne facilis ricevi ĝin surpapere. Sed tion ne eblas kompari kun la riveloj de Navalnij, ili estas sur tute alia nivelo.

Laŭ Gelman, Navalnij – diference ekzemple de la Nobelpremiitoj Solĵenicin kaj Saĥarov – efektive estas danĝera al la sistemo kontraŭ kiu li batalas.

– Navalnij kreis reton de stabejoj, li ricevis grandan publikan atenton, li instigas ĉiujn voĉdoni kontraŭ Unueca Rusio. Li multe pli lezas la sistemon ol sukcesis fari Solĵenicin. Tiasence la komparo kun sovetiaj disidentoj estas surfaca. Sed la metodoj kiujn la hodiaŭaj potenculoj uzas ja estas bazitaj sur la sovetiaj spertoj de la batalo kontraŭ la disidentoj. Kaj tiu aspekto gravas.

Tial evidentis, ke Navalnij havos grandajn problemojn, se li revenos al Rusio. Tion li devis mem kompreni. Lia vivo estis en danĝero ekde la momento, kiam la aviadilo surteriĝis en Moskvo. Post la unua, nesukcesa provo de murdo, la rusiaj potenculoj ja simple ne plu havas reputacion kiun ili povus voli gardi, Gelman diras.

Tamen li opinias, ke oni ne tute rezignu pri espero, ke povos okazi evoluo en pli demokratia direkto.

– Espero estas ĉiam, sed en la proksima tempo mi ne atendas turniĝon al pli bona direkto. En pli longa perspektivo ja estas espero, sed ne eblas diri, kiam.

* * *

Olga Kartavceva estas la kunordiganto de la kampanja stabejo de Navalnij en Omsk ekde kiam ĝi estis malfermita en 2017. Vere ŝi origine volis havi malpli videblan postenon, ĉar ŝi ne estis logata de la publikeco, ŝi diras – kaj ridas.

– Mi volis iel helpi jam en 2013, kiam Aleksej kandidatis en la urbestra elekto en Moskvo, sed tiufoje mi ne povis. Kaj kiam mi vidis, ke ili havis malfacilaĵojn trovi kunordiganton de la stabejo ĉi tie, mi kontaktis ilin. Sed mi diris, ke mi preferus esti pli en la fono, mi ne vere pretis iĝi publika persono. Ili sukcesis konvinki min iĝi kunordiganto, sed mi petis, ke mi tiukaze ne devu doni intervjuojn. Bone, ili diris.

Ŝi denove ridas. Dum la jaroj de tiam ŝi ja devis alkutimiĝi al intervjuoj kaj cetera publika atento. Nedeziratan atenton ŝi ricevis precipe flanke de la aŭtoritatoj – persekutadon ordonitan de la potenculoj en la ĉefurbo.

– Kompreneble estas tiel. Persekutadoj kontraŭ la stabejoj aŭ niaj kunlaborantoj plej ofte estas ordonitaj el Moskvo. Oni eĉ ne provas tion nei ĉi tie sur loka nivolo, ili diras, ke venis ordono el Moskvo. Kaj instrukciojn el Moskvo oni devas sekvi zorge. Se la polico kaptas min por skribi protokolon, ili poste elkuradas el la ĉambro kvinfoje por telefoni kaj kontroli ke ili ĉion faras ĝuste.

Samkiel la plej multaj aliaj kunordigantoj de stabejoj, ankaŭ Olga Kartavceva estis kondamnita al arestpuno pro sia laboro. Ŝin ĉefe surprizas, ke tio okazis nur en januaro 2021, kiel puno por la organizado de protesto subtene al Aleksej Navalnij. Kaj tiam la septaga malliberigo eĉ estis bonvena paŭzo en la peza laboro, ŝi diras.

– En Omsk ni havas sufiĉe bonan arestejon, kaj la dungitoj estas ĝentilaj, eĉ ekstreme ĝentilaj kiam temas pri ni politikaj malliberuloj. Mi ne scias, ĉu ili timas, ke ni skribos denuncojn kaj tial prevente afablas. Sed por mi tio estis bona ŝanco ripozi. Ni ja multege laboris kiam ni preparis la manifestaciojn. Do ĝenerale mi havis trankvilan sintenon al tio ke mi estis kondamnita. Mi povis dormi kaj legi. Ni havas internan ŝercon pri tio, ke la sola ŝanco por stabeja kunordiganto libertempi estas aresta puno. Do ni nur ĝojas, kiam ni trovas nin tie!

Poste ŝi diras, ke la tempoj tamen ja ŝanĝiĝis.

– Nun ni vivas en tute nova realo. Ni ja ne kredis, ke ili provos murdi Navalnij. Kaj ili provis tion fari sekrete, ili volis ke aspektu, kvazaŭ li havis koratakon. Ili ne volis ke iĝu konate, ke li estis murdita, aŭ almenaŭ ke ne eblu tion pruvi.

Laŭ ŝi la provo de murdo klare montris, ke la potenculoj efektive timas la movadon de Navalnij.

– Tio estas la nova realo, tion ni pli frue ne komprenis. Ke ni – la kontraŭkorupta fondaĵo, la stabejoj – ni estas kunligita politika tutaĵo, kiun ili efektive timas. Pli frue ili ja provis ŝajnigi, ke

— 137 —

ili sekvas la leĝon. Eĉ kiam ili fabrikis amason da politikaj krim-akuzoj, oni tamen havis la senton, ke ekzistas ia stabileco, ke ili ja ĝenos nian agadon, sed ke ili ne mortigos Aleksej. La politika risko fari tion ŝajnis tro granda. En tiu realo ni vivis, kun ĉiuj traserĉoj, arestoj kaj malliberigoj. Per nova politika jura proceso ili jam ne povis nin surprizi, al tio ni estis preparitaj, kaj ni estis pretaj sidi en la arestejo. Maksimume ni povis atendi novajn provokojn similajn al tiuj, kiujn li spertis pli frue, kiam li preskaŭ perdis unu okulon. Tio estis la plej malbona kio povis okazi, ni pensis. Sed nun...

Tamen Olga Kartavceva diras, ke ŝi ne timas.

– Estas nefacile timigi nin, kiuj laboras en la stabejoj. Ni eble iom inertiĝis tiusence. Kaj mi ja komprenas, ke tia ekzota metodo, kun Noviĉok kaj ĉio tio, ja kostas enorme multe. Ke ili murdus ĉiujn kunordigantojn de la stabejoj, tio tamen ŝajnas iom nekredebla.

Ŝi denove ridas.

– Ne, ion tian mi daŭre malfacile povas imagi, estas tro mal-probable. Sed evidente kreskas la risko, ke ili nin persekutos, ke ili nin akuzos pri krimoj. La premo al niaj strukturoj jam kreskis. Ĉu mi mem estas preparita por fabrikitaj krim-akuzoj? Jes, mi estas. Tio ja estas ĝuste kio okazis al multaj el ni post la protestoj en januaro. Deko da organizantoj jam estas akuzataj pri krimo. El mia vidpunkto tio estas nur demando pri tempo.

Ŝi tute pravas, sed la aferoj evoluas pli rapide ol ŝi povis kredi. Jam komence de majo 2021 nenio plu restos el la 39 kampanjaj stabejoj de Navalnij dise en la lando – el tio, kio ĵus estis la plej forta opozicia organizaĵo en la lando. La grundo estu ebenigita antaŭ la aŭtuna parlamenta balotado, kaj ĉiuj estu timigitaj al silento.

La persekutado de la kampanjaj stabejoj de Navalnij rapide kreskas ekde la dua semajno de aprilo. Ene de de kelkaj tagoj venas raportoj el multaj urboj, kie kunlaborantoj estis kaptitaj de la polico aŭ forportitaj de nekonataj viroj.

En Murmansk la pordo de la stabejo estas gluita per izolŝaŭmo laŭ konata rutino. Kiam la kunlaborantoj sukcesas malfermi la pordon, montriĝas ke iu rompe enŝteliĝis en la ejon. La tuta elek-

— 138 —

tronika aparataro estas detruita kaj sur la muroj estas desegnitaj svastikoj. La gvatkameraoj estas elŝaltitaj.

En Nîjnij Novgorod la aŭtoritatoj devigas la domposedanton nuligi la lukontrakton kun la stabejo. Poste venas la polico, kiu konfiskas ĉion forporteblan.

En Ufa iu verŝas gluon en la pordan seruron de la stabejo, skribaĉas "Stabejo de Analnij" sur la muro kaj algluas afiŝojn kun bildo de Navalnij kaj Hitlero, kun la teksto "Haltigu faŝismon!" La polico kaj la huliganoj kune direktas siajn fortojn unuavice al tiuj stabejoj, kies kunlaborantoj anoncis sian intencon kandidati en la aŭtuna parlamenta balotado. En Sankt-Peterburgo kaj Irkutsk la polico sturmas la stabejojn por fari traserĉon. Inter la konfiskitaj, supozate ekstremismaj materialoj estas glumarkoj kun la vortoj de Navalnij: "Rusio estos feliĉa".

Poste la aŭtoritatoj faras la ĉefan baton. La 16-an de aprilo la prokurorejo en Moskvo postulas, ke la kontraŭkorupta fondaĵo de Navalnij kaj lia reto de kampanjaj stabejoj estu deklaritaj "ekstremismaj organizaĵoj", ĉar subtenantoj de Navalnij "kamu-flite de liberalaj sloganoj" provas "malstabiligi" la socion.

En la lasta momento antaŭ la atendita decido, kiu en la prak-tiko egaligos la organizaĵojn de Navalnij kun teroristaj ĉeloj, sub-tenantoj estas vokataj al tutlanda protesto. Spite la minacan eto-son, proksimume cent mil rusianoj dise en la lando partoprenas la manifestacion la 21-an de aprilo. En Sankt-Peterburgo la polico uzas elektrajn pistolojn kontraŭ pacaj protestantoj kaj kaptas proksimume 800 el ili. En Moskvo la aŭtoritatoj elektas alian strategion. Nur malmultaj estas kaptitaj de la polico dum la protesto – anstataŭe oni uzas registraĵojn de gvatkameraoj por identigi manifestaciantojn. Post semajno ducento da protestintoj estas akuzataj pri partopreno en nepermesita manifestacio – sufiĉe multaj, por ke ĉiuj ekpensu pri tio, ĉu vere indas protesti kaj esti filmita de la polico. La polico aparte interesiĝas pri konataj personoj kaj pridemandas ankaŭ ĵurnalistojn, kiuj surloke raportis pri la protesto. Tiel la atento al la nova strategio iĝas eĉ pli granda.

La 29-an de aprilo, malantaŭ fermitaj pordoj en la urba kortumo de Moskvo, estas komencata la jura proceso por malpermesi la stabejojn de Navalnij kaj lian kontraŭkoruptan fondaĵon. La juĝisto kaj la prokuroro estas gardataj de maskitaj kaj armitaj anoj de speciala taĉmento – unu eniras eĉ la kortuman salonon, kvankam nur advokatoj rajtas ĉeesti. Neniu dubas, ke la organizaĵoj de Navalnij ja estos malpermesitaj – la stabejoj jam nuligis sian agadon, fermis la pordojn kaj forviŝis siajn kontojn ĉe sociaj retejoj. Simple estus tro danĝere daŭrigi la laboron, klarigas la stabeja ĉefo de Navalnij, Leonid Volkov. Ĉiuj laborantoj kaj volontuloj en "ekstremisma organizaĵo" riskas longajn prizonpunojn.

La punojn oni komencas disdoni jam antaŭ ol la ekstremista stampo eĉ oficiale estas validigita. Se necese, ĉiam eblas trovi taŭgan paragrafon en la rusia kriminala kodo. La filmisto de FBK, Pavel Zelenskij – li naĝis kun Navalnij en Tomsk – estas kondamnita al du jaroj en punkolonio pro du indignaj afiŝoj en Twitter pri la potenculoj. En Arĥangelsk Andrej Borovikov, pli frue staba kunordiganto de Navalnij, estas kondamnita al 2,5 jaroj en punkolonio pro "disvastigo de pornografio". Lia krimo estas, ke li en 2014 afiŝis muzikvideon de la grupo Rammstein en sia paĝo en Vkontakte, rusia retejo simila al Facebook.

La 30-an de aprilo la sekurservo FSB sturmas la hotelĉambron de la juristo Ivan Pavlov en Moskvo, forportas lin kaj faras traserĉon en lia hotelĉambro kaj en lia hejmo en Sankt-Peterburgo. Ĝuste Pavlov defendis la organizaĵojn de Navalnij en la proceso, kiu celas provizi ilin per la ekstremista stampo. Li nun mem sur tre dubinda bazo estas suspektata pri malobservo de la krimesplora sekreto en alia proceso. La sekurservo jam delonge volas liberiĝi de la ĝena juristo, kaj se oni lin kondamnos pro delikto, li ne plu povos daŭrigi sian laboron.

Samtempe oni publikigas novajn akuzojn kontraŭ Navalnij, Leonid Volkov kaj Ivan Ĵdanov, la ĉefoj de la kontraŭkorupta fondaĵo FBK. Oni nun suspektas ilin pri "fondo kaj gvido de religia aŭ civitana organizaĵo, kies agado estas ligita kun perforto aŭ alia lezo al la sano de homoj". Pri kia perforto povus temi ne klaras, sed minacas kvar jaroj en malliberejo. Ankaŭ post la liberigo la kondamnitoj ne rajtos partopreni en elektoj.

Volkov kaj Ĵdanov jam trovas sin ekster Rusio, kaj evidenta celo de la novaj akuzoj estas, ke ili restu tie. Estas nenia surprizo, ke la puno de Navalnij povos iĝi pli longa.

Eĉ se la potenculoj ne sukcesis devigi Navalnij mem ekziliĝi, la novaj juraj procesoj en la praktiko devigas la organizitan parton de lia movado forlasi la landon. Poste jam facile eblos aserti, ke temas pri eksterlanda enmiksiĝo en la aferojn de Rusio – kaj precize tion faris la gazetara parolisto de Putin, Dmitrij Peskov, jam antaŭ la protestoj la 21-an de aprilo:

– Estas verŝajne tre grave ĉi-rilate memorigi, ke denove tiaj provokaj alvokoj eĉ ne venas de la teritorio de Rusia Federacio. Ili venas de certaj civitanoj kiuj loĝas eksterlande. Havas sencon daŭre memori pri ĉi tio.

* * *

La 9-an de junio venis la fina kortuma decido, kiu deklaras la organizaĵojn de Navalnij "ekstremismaj". La trakto de la afero evidente estis prokrastita, por ke unue povu esti akceptita nova, eksterordinara leĝo. La leĝo, kiun Vladimir Putin subskribis la 4-an de junio (en la 45-a naskiĝtago de Navalnij) retroaktive malpermesas partoprenon en elektoj al ĉiuj, kiuj dum la lastaj jaroj aktivis en "ekstremismaj" organizaĵoj. Neniel gravas, ke la organizaĵoj ĝis tiam estis plene permesitaj. Laŭ la nova leĝo Navalnij krome ne rajtos fondi novan organizaĵon antaŭ junio 2031 - se li tiam ne plu estos en prizono.

Antaŭ jardeko Vladimir Gelman konstatis, ke Rusio falis en institucian kaptilon: ĝi trafis ekvilibran situacion, kiu estas funkcie neefika, sed neniuj signifaj agantoj havas intereson ĝin rompi. La sociaj reguloj, formitaj dum la jaroj de Putin ĉe la potenco, baziĝas sur institucia koruptado, kaj ju pli longe tia situacio daŭros, des pli malfacile estos ŝanĝi la regulojn. Aleksej Navalnij volas disrompi la regulojn. Tial la sistemo volas disrompi lin.

Por turni la evoluon necesus nova, ampleksa ondo de protestoj, diras Gelman. Sed eĉ se la subteno al Putin kaj lia politiko estas malfortiĝanta, nenio indikas, ke aparte multaj rusoj pretus eliri surstraten kaj protesti kontraŭ li. La protestoj kontraŭ la traktado de Navalnij en januaro kaj aprilo 2021 ja estis la plej ampleksaj delonge, sed la potenculoj uzas multe da energio por malpliigi la emon protesti.

– Antaŭ dek jaroj oni sukcesis sufoki la protestan ondon, kaj oni provas fari la samon nun: haltigi la protestojn perforte. Sed ne eblas uzi nur vipon sen karoto, kaj momente mi ne vidas, ke la potenculoj havus ajnan pozitivan planon por proponi. En 2014 oni proponis Krimeon, kaj por multaj rusianoj tio fakte estis granda okazaĵo. Sed mi ne vidas, kion oni nun povus proponi al la popolo, por ke ĝi pli pozitive sin tenu al la potenculoj.

En junio 2021 la regantoj anstataŭe plu striktigas la ŝraŭbojn: pli da vipo kaj malpli da karoto al la popolo. Sed eĉ se oni ie trovus pliajn karotojn, tio apenaŭ utilus al Navalnij. Li simple nun estas tro danĝera al la sistemo. Li devas resti en prizono aŭ esti ekzilita. Tio signifas ankaŭ ke ni nenion scias pri tio, kiam li povos esti liberigita. La potenculoj ĉiam povas elpensi novajn krimojn, pro kiuj li estu kondamnita, samkiel oni faris kun la oligarko Miĥail Ĥodorkovskij. Li estis en prizono de 2003 ĝis 2013, kiam Putin fine pardonis lin. La kondiĉo estis, ke li forlasu la landon. Navalnij eble devos resti en prizono same longe kiel Putin restos en Kremlo.

Tamen Aleksej Navalnij fojon post fojo diras, ke li ne pentas sian revenon al Rusio – li simple povis fari nenion alian.

Ĉi tiu estas libro pri Aleksej Navalnij, do li mem rajtu ĝin fini. Jen kion li skribis el la arestejo en februaro 2021:

La feraj pordoj fermiĝas malantaŭ mi surdige grincegante, sed mi sentas min libera homo. Pro la konvinko ke mi pravas. /…/ La vero estas sur nia flanko. Restu liberaj.

La parolado de Aleksej Navalnij en la urba kortumo de Moskvo la 2-an de februaro 2021

Mi volus komenci per pritrakto de la jura demando, kiu al mi ŝajnas la ĉefa kaj iom preteratentita en ĉi tiu diskuto. Ĉar ĉio aspektas iom strangeta. Jen sidas duopo, kaj unu diras: ni malliberigu Navalnij pro tio, ke li montris sin ne en lundoj, sed en ĵaŭdoj. Kaj la alia diras: ni malliberigu Navalnij pro tio, ke li, elirante el la komato, ne senprokraste veturis al ni por inspekto. Kaj jen daŭras tiu diskuto, ĉiuj kontemplas lundojn, ĵaŭdojn, kiam kiu devis sendi kian paperon kaj tiel plu.

Sed mi volus diri kelkajn vortojn pri certa elefanteto en ĉi tiu ĉambro. Mi volus, ke ĉiuj ankoraŭfoje atentu, la tuta gazetaro kiu verkas pri ĉi tiu proceso, ke ĉiuj homoj atentu: la esenco de la afero konsistas en tio, ke oni volas min enprizonigi laŭ akuzo, rilate al kiu oni jam min konstatis senkulpa, laŭ akuzo, kiu estas konstatite fabrikita.

Tio estas ne mia opinio, ĉar se ni malfermas ajnan lernolibron pri kriminala juro – mi esperas, via honoro, ke vi tion ja faris kelkfoje dum via vivo – ni ekvidos, ke la Eŭropa kortumo pri homaj rajtoj estas parto de la kortuma sistemo de Rusio, ĉar Rusio estas membro de Konsilio de Eŭropo, kaj ĉi tiuj decidoj estas devigaj. Kaj mi, trairinte ĉiujn necesajn stadiojn de la jura proceso, min turnis al la Eŭropa kortumo, kaj la Eŭropa kortumo donis verdikton, en kiu nigre sur blanko estas skribite, ke mankas substanco de krimo. La akuzo, surbaze de kiu mi troviĝas en ĉi tiu kaĝo, estas komplete fabrikita. Eĉ pli, Rusia Federacio praktike rekonis tiun verdikton, almenaŭ duone. Oni pagis al mi kompenson pri tiu proceso, tiel rekonante la decidon de la Eŭropa kortumo.

Kaj tamen mia frato surbaze de tiu akuzo pasigis tri kaj duonan jarojn en prizono, kvankam ĝi estis fabrikita laŭ la konstato de kortuma decido devige plenumenda en Rusio. Mi laŭ la sama akuzo sidis jaron en hejma aresto. Kiam mia provperiodo estis finiĝanta, oni semajnon antaŭ la limdato arestis min, portis min al la Simonovskij-kortumo kaj sen defendo, trudinte al mi iun ofican advokaton, longigis la provperiodon je plia jaro.

Do jen iom da matematiko. En 2014 oni kondamnis min al 3,5 jaroj kondiĉe, kun provperiodo. Nun estas la jaro 2021, sed oni plu juĝadas min laŭ tiu akuzo. Oni jam trovis min senkulpa, kaj mankas esenco de krimo en ĉi tiu akuzo, kaj tamen kun la persisto de frenezulo nia ŝtato postulas ke oni min enprizonigu surbaze de tiu akuzo.

Kial do surbaze de ĝuste tiu akuzo? Se io definitive ne mankas, do krimakuzoj kontraŭ mi. Tute ĵus oni inciatis plian proceson. Kaj tamen iu tre volis, ke mi reveninte ne povu fari eĉ unu paŝon sur la teritorio de nia lando kiel libera homo. Por ke ekde la momento de limtransiro mi estu arestito. Kaj ni scias, kiu tion volis. Ni scias, kial tio okazis. La kialo de ĉio ĉi estas la malamo kaj timo de unu homo loĝanta en bunkro. Ĉar mi ĝismorte ofendis lin per tio, ke mi transvivis, kiam oni provis min mortigi laŭ lia ordono.

(Prokuroro Frolova petas la kortumon fari al Navalnij averton.)

Mi ne bezonas vian averton, via honoro! Ĉu ĉi tiu prokuroro nun malhelpados al mi esprimi mian sintenon al ĉio tio, kio okazas?

(La prokuroro demandas, kia demando nun estas pritraktata; advokato Miĥajlova petas ke la kortumo faru averton al la prokuroro.)

Mi parolas pri la jura esenco de la proceso, via honoro. La pritrakto de la esenco nun temas pri mia opinio. Mi eldiras mian opinion pri la esenco plene konforme al la leĝo. Kaj tio, ke reprezentanto de la akuzado provas min interrompi post ĉiu vorto kaj fermi mian buŝon, ankaŭ tio perfekte karakterizas ĉion okazantan. Ĉar tio, kion mi diras, havas rektan ligon al tio, kio ĉi tie okazas. Ni daŭrigu.

Mi kaŭzis ĝismortan ofendon per tio, ke mi pretervivis – danke al bonaj homoj, pilotoj kaj kuracistoj. Poste mi eĉ pli forte lin ofendis per tio, ke mi ne kaŝiĝis, loĝante ie ĉirkaŭata de gardistoj, en ia malpli kosta bunkro, pli kongrua kun mia financa stato. Kaj poste okazis kompleta teruraĵo. Mi ne nur pretervivis, mi ne nur ne ektimis nek kaŝiĝis – mi krome partoprenis en esploro pri mia propra venenado, kaj ni povis montri kaj pruvi, ke ĝuste Putin, uzante FSB, okazigis la provon de murdo. Kaj ne nur kontraŭ mi, nun tion multaj scias kaj pli multaj ekscios, kaj tio frenezigas la ŝteleman hometon en la bunkro. Ĝuste la fakto, ke ĉio estis malkaŝita, ĉu vi komprenas? Jam ne validas la favoraj opini-procentaĵoj, jam ne validas la enorma subteno – ĉio ĉi forestas, ĉar evidentiĝis, ke por subigi politikan oponanton, kiu havas nek aliron al televido, nek politikan partion, oni devas lin provi mort-igi per kemia armilo. Komprenble li simple freneziĝas, ĉar ĉiuj nun konvinkiĝis, ke li estas simple oficisteto, kiun oni hazarde metis sur la prezidentan postenon, kiu neniam partoprenis en debatoj nek en elektoj, kaj ke ĉi tiu estas lia sola maniero lukti: provi mortigi homojn.

Kaj kiom ajn li ŝajnigas sin granda geopolitikisto, granda monda gvidanto, lia ĉefa ofendiĝo rilate al mi nun konsistas en tio, ke li eniros la historion ĝuste kiel venenanto. Vi ja scias, estis Aleksandro Liberiganto aŭ Jaroslavo la Saĝa, kaj nun estos Vladimiro la Kalsonvenenisto. Ĝuste tiel li eniros la historion.

(Oni provas kontraŭdiri al Navalnij.)

Via honoro, ĉi tio ja rekte rilatas. Mi staras jen, en ĉi tiu loko, min gardas la polico, aperis la nacia gvardio, duono de Moskvo estas barita ĝuste tial, ke la malgranda hometo en la bunkro frenez-iĝas pro tio, kion ni montris kaj pruvis: ke li okupiĝas ne pri geopolitiko, sed gvidas kunsidon en kiu li decidas ŝteli la kalso-nojn de oponantaj politikistoj kaj ŝmiri ilin per kemia armilo.

La ĉefa afero en ĉi tiu proceso eĉ ne estas tio, ĉu ili min en-prizonigos aŭ ne. Enprizonigi min facilas – surbaze de ĉi tiuj akuzoj aŭ aliaj. La ĉefa afero estas tio, kial ĉi tio okazas: por timigi enorman kvanton da homoj. Funkcias ja tiel: oni enprizonigas unu por timigi milionojn. Ĉe ni 20 milionoj da homoj trovas sin sub la limo de malriĉo, malhavante ajnajn perspektivojn. Ĉe ni dekoj da milionoj da homoj apartenas al ĝuste tiuj, pri kiuj ni ĉiutage parolas, kiam ni diras: en Moskvo la vivo ankoraŭ estas pli-malpli en ordo, sed se veturi cent kilometrojn for – tie entute estas kompleta aĉaĵo. Kaj nia tuta lando vivas en tiu kompleta aĉaĵo, ne havante ajnajn perspektivojn, lukrante 20 000 rublojn. Kaj ĉiuj ili silentas, kaj oni provas ŝtopi iliajn buŝojn ĝuste per ĉi tiaj demonstraj procesoj. Enprizonigi jen tiun ulon, por timigi milionojn. Iu protestas surstrate – jen malliberigu pliajn kvin por timigi 15 milionojn.

La ĉefa afero, kiun mi volas diri: Mi tre esperas, ke homoj ne konsideros ĉi tiun proceson signalo pri tio, ke ili devas timi pli. Ĉi tio ja ne estas demonstro de forto – la nacia gvardio, la kaĝo. Ĉi tio ja estas demonstro de malforto, simpla malforto. Milionojn aŭ centmilojn ne eblas enprizonigi, kaj mi tre esperas, ke homoj pli kaj pli konscios pri tio. Kaj kiam ili konscios – tia momento venos – ĉio ĉi disfalos. Ĉar la tutan landon vi ne enprizonigos. Ĉiujn ĉi homojn, kies perspektivojn oni forprenis, kies estontecon oni forprenis, kiuj loĝas en riĉega lando kaj ricevas nulon el la nacia riĉaĵo, nulon! Kreskas ĉe ni nur la kvanto de miliarduloj, sed ĉio cetera falas, ĉu vi komprenas? Mi sidas en mia ĉelo kaj aŭdas raportaĵojn pri tio, kiel butero iĝis pri kosta, makaronioj iĝis pli kostaj, ovoj iĝis pri kostaj. Estas la jaro 2021, la lando eksportas nafton kaj gason, kaj la tuta lando parolas pri tio ke la makaronioj iĝis kostaj kaj ne plu eblas vivi! Vi forprenis la perspektivojn de ĉiuj ĉi homoj, kaj vi klopodas timigi ĉi tiujn homojn. Mi alvokas ĉiujn ne timi. Ĉi tiu tuta potenco baziĝas nur sur tio.

(La juĝisto diras al Navalnij, ke li ne estas en mitingo, kaj proponas reveni al la esenco.)

Mi ne nur revenos – mi jam trovas min precize tie, en la centra parto de tio mi min trovas. Vi diras, ke mi ne diris ion pri la esenco. Sed jen ĉio ĉi ja estas la esenco. Kaj ĉio, kion mi diras, estas mia sinteno al la prezentaĵo kiun vi ĉi tie organizis.

Okazas, ke senleĝa arbitro estas la esenco de politika sistemo, kaj tio estas terura – sed okazas eĉ pli malbone: kiam tiu senleĝa arbitro vestas sin en la uniformon de prokuroro aŭ en la juĝistan talaron. Kaj en tiu kazo estas la devo de ĉiu homo ne subiĝi al la leĝoj, kiuj estas vestitaj per tiuj talaroj. Malantaŭ vi, en vi, troviĝas senleĝa arbitro, kaj la devo de ĉiu homo estas ne subiĝi al vi, ne subiĝi al tiaj leĝoj.

(La juĝisto denove postulas reiri al la esenco kaj diras: "Ni ne okupiĝu pri politiko!")

Kiel ni povus ne okupiĝi pri politiko?! Mi havas mian opinion pri la esenco de la proceso, kaj jen mi ĝin eldiras al vi. Alian opinion mi ne havas, do bonvolu finaŭdi min. Ankoraŭfoje mi volas diri: kiam senleĝa arbitro vestis sin en viajn uniformojn kaj ŝajnigas sin leĝo, la devo de ĉiu homo estas ne subiĝi al vi kaj batali kontraŭ vi per sia tuta forto. Kaj mi, kiom mi povas, batalas kaj plu tion faros. Kvankam konsiderante ke mi nun estas komplete sub la rego de homoj, kiuj ŝategas ŝmiri ĉion per kemia armilo, mia vivo ne valoras eĉ tri kopekojn. Kaj tamen eĉ nun, eĉ de ĉi tiu mia loko, mi diras ke mi batalos kontraŭ vi, kaj mi alvokas ĉiujn aliajn ne timi vin kaj fari ĉion, por ke regu la leĝo kaj ne tiuj, kiuj sin maskas per uniformoj kaj talaroj. Kaj mi salutas ĉiujn, kiuj batalas kaj ne timas, ĉiujn honestajn homojn. Mi salutas kaj dankas la kunlaborantojn de FBK, kiuj same estas arestitaj, kaj ĉiujn ceterajn en la tuta lando, kiuj ne timas kaj kiuj eliras surstraten, ĉar ili havas la samajn rajtojn kiel vi. Ĉar nia lando apartenas al ili same multe kiel al vi, kiel al ĉiuj aliaj. Ni estas samspecaj civitanoj, kaj ni postulas normalan justicon, normalan sintenon al ni, rajton partopreni en la elektoj, rajton partopreni en la distribuado de la naciaj riĉaĵoj. Jes, ni postulas tion!

En Rusio estas multe da bonaĵoj. Kaj la plej bona afero estas ĝuste tiuj homoj, kiuj ne timas, ne forturnas la okulojn, ne fiksrigardas la tablon kaj neniam fordonos nian landon al tiu aro da aĉetitaj oficistoj, kiuj decidis forŝanĝi nian patrujon kontraŭ siaj palacoj, vitejoj kaj akvodiskotekoj.

Mi postulas tujan liberon al mi kaj al la aliaj arestitoj. Mi ne rekonas ĉi tiun akuzon. Ĝi estas komplete mensoga, ĝi ne estas laŭleĝa. Kaj mi postulas tujan liberigon.

Letero el la arestejo la 4-an de februaro 2021

Mi kompreneble multfoje aŭdis la frazon "Ne eblas forpreni la liberon de tiu, kiu estas interne libera". Kaj nun mi honeste demandas min mem: "Nu, ĉu funkcias?"

Kredu min, funkcias. La feraj pordoj fermiĝas malantaŭ mi surdige grincegante, sed mi sentas min libera homo. Pro la konvinko ke mi pravas. Pro via subteno. Pro la subteno de la familio.

La demonstra ignoro de leĝoj, okazanta rilate al mi ekde la momento, kiam mi paŝis de sur la ŝtuparo de la aviadilo – tio estas la venĝo de Putin persone kontraŭ mi. Pro tio, ke mi pretervivis, pro tio, ke mi kuraĝis reveni. Nun ankaŭ pro tio, ke mi rakontis pri lia palaco.

Sed eĉ pli ĉi tio estas mesaĝo de Putin kaj liaj amikoj al la tuta lando: "Ĉu vi vidas, kion ni povas fari? Ni kraĉos sur la leĝojn kaj platigos ĉiun, kiu kuraĝos iri kontraŭ nin. Ni ja estas la leĝo."

Kaj ankoraŭfoje (mi komprenas, ke mi jam tedas vin, sed kion alian mi povas fari?) mi alvokas: ne lasu timigi vin. Ne lasu vin trompi per iluzio de forto kaj blaga drasto.

Ĉu tio estas forto, se ili devas sekrete veneni homojn kaj malliberigi ilin kontraŭleĝe?

Kie estas ilia tutpopola subteno, se la elektojn ili povas gajni nur ne allasante sendependajn kandidatojn, kaj se timante protestantojn ili devas fermi metrostaciojn?

Ili povas teni la potencon, uzante ĝin por sia propra riĉigo, nur apogante sin sur nia timo. Sed ni, superante la timon, povas liberigi nian Patrujon de tiu aro da ŝtelistoj kaj okupantoj. Kaj tion ni faros. Ni devas tion fari. Por ni mem kaj por la estontaj generacioj. La vero estas sur nia flanko. Restu liberaj.

Letero el la arestejo la 17-an de februaro 2021

Mi volas rakonti, ke ĉio estas bone pri mi, ĉar mi havas tion, kion homo en mia situacio plej multe bezonas – vian subtenon. Kredu min, mi sentas ĝin.

Bedaŭrinde mi ne povas komenti novaĵojn kaj aktualaĵojn – mi simple ne konas ilin, tial mi decidis, ke mi skribu ĉi tie pri iuj faktoj de mia vivo.

Hodiaŭ mi rakontos, ĉu estas malfacile al mi – tiu estas ofta demando. Sed ne, ne estas malfacile. La prizono, kiel vi scias, troviĝas en la kapo. Kaj se bone pripensi, mi evidente ne trovas min en prizono, sed en spacveturo.

Pensu mem. Mi havas simplan, spartanan kajuton – fera lito, tablo kaj ŝranketo. En spacveturilo ne estas loko por lukso. La pordon de la kajuto eblas malfermi nur de la komanda centralo. Min vizitas personoj en uniformoj, ili eldiras nur kelkajn ŝablonajn frazojn, sur ilia brusto brilas la lampeto de ŝaltita videokamerao – ili estas androidoj. Mi ne preparas manĝaĵon – oni liveras ĝin al mi rekte en la kajuton per aŭtomata ĉareto. Miaj teleroj kaj kuleroj estas faritaj el brila metalo.

Precize kiel en filmoj pri la kosmo, kun mi komunikas la komanda centralo de la spacveturilo. Tute laŭlitere voĉo el la muro tra la interkomunikilo parolas: tri-nul-du, prepariĝu por sanitara pritrakto. Kaj mi respondas: bone, en ordo, post dek minutoj. Mi nur fintrinkos la teon.

Pro tio, en ĉi tiu momento mi kompreneble komprenas, ke mi partoprenas en spaca vojaĝo al la rava, nova mondo.

Ĉu mi, amanto de libroj kaj filmoj pri la spaco, povus rifuzi tian flugon, eĉ se ĝi daŭros tri jarojn? Evidente ne. Jes, kosmaj vojaĝoj estas danĝeraj. Povos okazi, ke oni atingos la finan punkton, sed tio estos nenio. La vojaĝo povas daŭri multe pli longe pro naviga eraro. Hazarda asteroido povas detrui la spacoŝipon, kaj vi pereos.

Sed ofte okazas ja ke aperas helpo. Amika signalo. Tunelo tra hiperspaco, kaj jen! Vi jam alvenis kaj brakumas la familion kaj amikojn en rava, nova mondo.

Estas nur unu granda diferenco kompare kun la filmoj pri spaco. Mi tute ne havas armilon. Kaj kion, se la spacoŝipon atakos eksterteranoj? Mi dubas, ĉu eblos sin defendi svingante teujon.

Eble mi akrigu kuleron kontraŭ la muro.

Kronologio

2000
Vladimir Putin iĝas prezidento.
Aleksej Navalnij aliĝas al la maldekstre liberala partio Jabloko.
Julija Abrosimova kaj Aleksej Navalnij geedziĝas.

2001
La filino Darja naskiĝas.

2003
Parlamenta balotado: Jabloko ne atingas la kvinprocentan sojlon.

2004
Prezidenta balotado: Putin elektita per 64 procentoj el la voĉoj.

2006
Navalnij membras en la partia estraro de Jabloko.
Li komencas blogi, kaj rapide iĝas unu el la plej popularaj blog-antoj de Rusio.

2007
Navalnij eksigita el Jabloko pro "naciismo".

2008
La filo Zaĥar naskiĝas.
Prezidenta balotado. Dmitrij Medvedev havas la subtenon de Putin kaj estas elektita prezidento per 71 procentoj el la voĉoj. Putin laŭ la konstitucio ne povas kandidati, sed en la praktiko li plu havas la potencon, nun kiel ĉefministro.

2009
Navalnij estas konsilanto de Nikita Beliĥ, guberniestro en Kirov.

2010
Navalnij studas ĉe la programo *Yale World Fellows* en Usono.
Li fondas la kontraŭkoruptan retejon Rospil.

2011

La proceso de Kirovles komenciĝas. Navalnij akuzata pri "defraŭdo de lignaĵo".

Putin anoncas, ke li intencas reveni al la prezidenta posteno.

Navalnij fondas la kontraŭkoruptan fondaĵon FBK.

Parlamenta balotado kun ampleksa fuŝado la 4-an de decembro kondukas al grandskalaj protestoj, en kiuj grave rolas ankaŭ Navalnij.

2012

La ondo de protestoj daŭras.

Prezidenta balotado. Putin ricevas 64 procentojn el la voĉoj kaj revenas al la prezidenta posteno.

Navalnij membras en la kunordiga konsilantaro de la opozicio.

La akuzo en la proceso de Kirovles estas retirita manke de substanco de la krimo – sed la proceso estas renovigita post enmiksiĝo de pli alta jura instanco.

La proceso de Yves Rocher komenciĝas: la fratoj Navalnij estas akuzataj pri tio, ke ilia liverfirmao faris profiton.

2013

Verdikto en la proceso de Kirovles: Navalnij estas kondamnita al kvin jaroj en punkolonio. Post ampleksaj protestoj la puno estas transformita al kondiĉa malliberigo.

Navalnij ricevas 27 procentojn el la voĉoj en la urbestra elekto en Moskvo.

2014

Verdikto en la proceso de Yves Rocher: Oleg Navalnij estas kondamnita al 3,5 jaroj en punkolonio, Aleksej Navalnij denove ricevas kondiĉan punon.

2016

La Eŭropa kortumo pri homaj rajtoj konkludas, ke la verdikto en la proceso de Kirovles estis senfundamenta.

2017

La Eŭropa kortumo pri homaj rajtoj konkludas, ke ankaŭ la verdikto en la proceso de Yves Rocher estis senfundamenta.

Navalnij komencas sian prezidentan kampanjon kaj malfermas siajn kampanjajn stabejojn.

2018

Prezidenta balotado. Putin estas reelektita per 77 procentoj el la voĉoj. Navalnij ne rajtas kandidati.

Navalnij malfermas la projekton "inteligenta voĉdonado".

2019

La filino Darja ekstudas ĉe la universitato Stanford en Usono.

La Eŭropa kortumo pri homaj rajtoj konkludas, ke la hejma aresto de Navalnij dum la proceso de Yves Rocher estis politike motivita.

Policaj razioj en ĉiuj stabejoj de Navalnij kaj en la oficejo de FBK. Ĉiuj teknikaĵoj estas konfiskitaj.

2020

6-a de julio – Julija Navalnaja neklarigeble malsaniĝas dum libertempa vojaĝo en Kaliningrad.

9-a de aŭgusto – La prezidenta balotado en Belorusio estas sekvata de ampleksaj protestoj.

20-a de aŭgusto – Aleksej Navalnij senkonsciiĝas dum flugo el Tomsk al Moskvo. La aviadilo urĝe surteriĝas en Omsk.

22-a de aŭgusto – Navalnij estas transportita al Berlino por flegado.

7-a de septembro – La hospitalo Charité en Berlino anoncas, ke Navalnij denove estas konscia.

22-a de septembro – Navalnij povas forlasi la hospitalon.

2021

17-a de januaro – Navalnij revenas al Rusio kaj estas senprokraste malliberigita.

23-a de januaro – Protestoj kontraŭ la aresto de Navalnij.

31-a de januaro – Protestoj kontraŭ la aresto de Navalnij.

2-a de februaro – La kondiĉa puno, kiun Navalnij ricevis en la proceso de Yves Rocher, estas transformita al senkondiĉa malliberigo.

17-a de februaro – La Eŭropa kortumo pri homaj rajtoj postulas, ke Navalnij estu senprokraste liberigita.

20-a de februaro – La apelacio de Navalnij estas malaprobita. La kortumo ĝustigas la restantan puntempon al du jaroj kaj ses monatoj.

25-a de februaro – Navalnij estas forportita el la arestejo en Moskvo.

15-a de marto – Navalnij nun troviĝas en Punkolonio 2 en Pokrov.

31-a de marto – Navalnij komencas malsatstrikon proteste kontraŭ tio, ke li ne rajtas renkonti specialistan kuraciston kiun li povas fidi.

16-a de aprilo – La prokurorejo en Moskvo postulas, ke la kontraŭkorupta fondaĵo FBK kaj la kampanjaj stabejoj de Navalnij estu deklaritaj "ekstremismaj organizaĵoj".

20-a de aprilo – Navalnij rajtas esti ekzamenita de civilaj kuracistoj en hospitalo en Vladimir. Tio nur poste iĝas konata.

21-a de aprilo – Proksimume 100 000 homoj dise en Rusio protestas subtene al Navalnij.

23-a de aprilo – Navalnij finas sian malsatstrikon, ĉar li rajtis renkonti civilajn kuracistojn.

4-a de junio – Navalnij iĝas 45-jara. Vladimir Putin subskribas leĝon, kiu retroaktive malpermesas partoprenon en elektoj al tiuj, kiuj dum la antaŭaj 3 jaroj aktivis en organizaĵoj poste konstatitaj "ekstremismaj".

9-a de junio – Kortumo en Moskvo deklaras la organizaĵojn de Navalnij "ekstremismaj". Navalnij ne rajtas partopreni en la kortuma kunsido, ĉar "la afero ne tuŝas liajn interesojn".

Noto de la aŭtoro

La 17-an de januaro 2021 mi sidis tute fiksita antaŭ la rekta elsendo, kiu montris la reveturon de Aleksej Navalnij al Moskvo. La rusiaj aŭtoritatoj faris ĉion por timigi lin tiel, ke li restu en Germanio. Kaj tamen li reveturis hejmen.

La plej multaj estis konvinkitaj, ke li estos malliberigita tuj ĉe la alveno, aŭ baldaŭ poste. Neniu povis kompreni la riskojn pli bone ol li mem. Sed tamen ekzistis espereto, ke la rusia reĝimo, kiu jam provis veneni lin sekrete, ne volos igi Navalnij la plej konata politika malliberulo en la mondo.

Meze de nokto mi vekiĝis kun unu penso en la kapo: pri ĉi tio mi devas verki libron. Mi ja sekvis la politikan karieron de Navalnij dum pli ol jardeko kaj regule verkis pri li en mia blogo.

En la aktualaj cirkonstancoj ne eblis veturi al Rusio por fari intervjuojn surloke, sed dum la pandemio ni ja ĉiuj kutimiĝis interrilati distance. En februaro 2021 mi kontaktis dekon da homoj kun ligoj al la movado de Navalnij diversloke en Rusio, intervjuis ilin per Zoom, Skype, Telegram, Messenger, kaj eble iu plia apo kiun mi jam forgesis. Mi trafosis malnovajn kaj novajn intervjuojn, miajn proprajn tekstojn pri Navalnij dum dek jaroj kaj aliajn aferojn pli frue kolektitajn. Informoj pri la plej gravaj fontoj kiujn mi uzis vi trovos sur la sekvaj paĝoj.

Ĉi tiu libro aperas samtempe en la sveda kaj en Esperanto. Jesper Bengtsson ĉe eldonejo Atlas en Stokholmo kaj Ulrich Becker ĉe eldonejo Mondial ambaŭ meritas grandan dankon pro la rapidega agado, por ke la libro povu aperi kiam la temo estas plej aktuala. Mi volas danki ankaŭ al mia edzino Maria Sandelin kaj nia filino Alva Kniivilä, kiuj legis la unuan version de la manuskripto, kaj faris indajn atentigojn. Valorega estis, kiel ĉiam, la aglo-okula provlegado de la Esperanta versio fare de István Ertl. Apartan dankon meritas ankaŭ la elstara fotisto Jevgenij Feldman, kiu donacis por la Esperanta versio kovrilan foton.

Ĉiuj restantaj eraroj evidente estas mia respondeco.

Lund, la 10-an de junio 2021

Fontoj

La faktoj menciitaj en la libro estas unuavice bazitaj sur miaj propraj intervjuoj kun personoj partoprenintaj la okazaĵojn, iliaj afiŝoj en sociaj retejoj kaj iliaj eldiraĵoj en videaj intervjuoj, en radio (ĉefe en *Eĥo Moskvi*) kaj en fidindaj tekstaj amaskomunikiloj, unuavice ruslingvaj. La ampleksa esploro de Bellingcat pri la okazaĵoj ĉirkaŭ la venenado de Navalnij kompreneble estas unu el la plej gravaj fontoj por granda parto de la rakonto.

Kiam temas pri tempoindikoj indas memori, ke en Rusio ekde 2010 ne estas uzata somera horo. Tio signifas, ke la hordiferenco kompare kun okcidenta Eŭropo dum la somera jarduono estas je unu horo malpli granda ol dum la vintra jarduono.

Ĉi-sube mi mencias la plej gravajn fontojn por ĉiu unuopa ĉapitro. Ligiloj kaj en iuj kazoj pliaj fontindikoj troviĝas en mia persona retejo www.kniivila.net.

1. Provo de murdo

- Propra intervjuo kun Ilja Paĥomov la 2-an de marto 2021.
- Kira Jarmiŝ en Youtube la 28-an de augusto 2020.
- Intervjuo de Jurij Dud kun Aleksej Navalnij en Youtube la 6-an de oktobro 2020.

2. Izolŝaŭmo kontraŭ la opozicio

- Propra intervjuo kun Ksenija Fadejeva la 25-an de februaro 2021.
- Intervjuo de Jurij Dud kun Aleksej Navalnij en Youtube la 6-an de oktobro 2020.
- Navalnij kaj Sergej Gurijev en Youtube la de 30-an decembro 2020.
- La prezidenta programo de Navalnij en lia retejo.
- Navalny.com la 3-an de marto pri blokitaj bankokontoj.
- Geir Flikke: *Russlands rebeller. Protest og reaksjon i Putins Russland (2011–2020)*. Oslo 2020.

3. Suŝia lunĉo en konspira apartamento

- Propra intervjuo kun Ksenija Fadejeva la 25-an de februaro 2021.
- Propra intervjuo kun Vladimir Gelman la 22-an februaro 2021.

4. Metabolaj problemoj

- Propra intervjuo kun Ilja Paĥomov la 2-an de marto 2021.
- Propra intervjuo kun Olga Kartavceva la 23-an de februaro 2021.
- Intervjuo de Jurij Dud kun Julija Navalnaja en Youtube la 6-an de oktobro 2020.
- La Telegram-kanalo de Ivan Ĵdanov la 21-an de aŭgusto 2020.
- La Telegram-kanalo de la stabejo de Navalnij en Omsk, 20–22-a de aŭgusto 2020.
- Sauli Niinistö en Yle Ykkösaamu la 22-an de aŭgusto 2020.
- Novichok nerve agent poisoning. *The Lancet* la 22-an de decembro 2020.
- Кто и как спасал Навального в первые два часа. Хроника. *BBC* la 2-an de septembro 2020.
- "Обернулся и увидел, что Алексей лежит". Рассказ летевшего с Навальным пассажира. *BBC* la 28-an de aŭgusto.
- Navalny 'poisoned': What are Novichok agents and what do they do? *BBC* la 2-an de septembro 2020.
- Så här påverkar nervgifterna Novitjok kroppen. *Ny Teknik* la 2-an de septembro 2020.

5. Tri ĉambroj kaj kuirejo

- Константин Воронков: *Алексей Навальный. Гроза жуликов и воров*. Moskva 2011.
- Людмила Навальная: «Почему на фоне других политических процессов я должна думать, что к моему сыну проявят справедливость?» *The New Times* la 17-an de aprilo 2013.
- Intervjuo de Jurij Dud kun Aleksej Navalnyj kaj Julija Navalnaja en Youtube la 6-an de oktobro 2020.

- Navalny.com la 11-an de aŭgusto 2016: Aleksej Navalnij pri la loĝeja situacio de la familio.
- Gazetara komuniko de la registaro de Germanio la 2-an de septembro 2020.

6. Mi telefonis al mia murdinto

- Aleksej Navalnij en Youtube la 21-an de decembro 2020.
- "If it Hadn't Been for the Prompt Work of the Medics": FSB Officer Inadvertently Confesses Murder Plot to Navalny. *Bellingcat* la 21-an de decembro 2020.
- FSB Team of Chemical Weapon Experts Implicated in Alexey Navalny Novichok Poisoning. *Bellingcat* la 14-an de decembro 2020.
- Hunting the Hunters: How We Identified Navalny's FSB Stalkers. *Bellingcat* la 14-an de decembro 2020.
- «Он не должен был выжить». Один из участников отравления Навального признался в покушении. *The Insider* la 21-an de decembro 2020.
- Лаборатория. Как сотрудники НИИ-2 ФСБ пытались отравить Алексея Навального. *The Insider* la 14-an de decembro 2020.

7. Back in the USSR

- Propra intervjuo kun Jekaterina Buŝkova la 23-an de februaro 2021.
- Propra intervjuo kun Pavel Ĉuprunov la 24-an de februaro 2021.
- Propra intervjuo kun Ksenija Fadejeva la 25-an de februaro 2021.
- Rekta elsendo pri la reveno de Navalnij al Moskvo. *Nastojaŝĉeje Vremja* la 17-an de januaro 2021, spektebla en Youtube.
- Thirty Days in 'Kremlin Central': The Detention of Alexei Navalny. Olga Zeveleva, *Gulag Echoes*.

8. Kapta rakonto

- Propra intervjuo kun Jurij Ĵ. (kuracisto) la 22-an de februaro 2021.

- Propra intervjuo kun Jelena Skvorcova la 23-an de februaro 2021.
- Propra intervjuo kun Stanislav Belov la 23-an de februaro 2021.
- Propra intervjuo kun Aleksej (protestanto) la 25-an de februaro 2021.
- Navalnij kaj Girkin en *Eĥo Moskvi* la 20-an de julio 2017.
- Aleksej Navalnij en Youtube la 19-an de januaro 2021.
- Aleksej Navalnij en Youtube la 19-an de septembro 2007.
- Aleksej Navalnij en Youtube la 17-an de oktobro 2007.

9. Al nigra truo
- Александр Подрабинек: *Диссиденты*. Moskvo 2014.
- Aleksandr Podrabinek en *Eĥo Moskvi* la 29-an de marto 2021.
- R. Eugene Parta: *Discovering the Hidden Listener*. Stanford 2007.
- «Пускай отдыхает, а то слишком много о себе возомнил». *Nastojaŝĉeje Vremja* la 1-an de marto 2021.
- Konstantin Kotov kaj Dmitrij Djomuŝkin en la Youtube-kanalo de Navalnij la 1-an de marto 2021.
- «Нацелена на полное уничтожение человека». Чем известна колония, куда этапируют Навального. *Mediazona* la 27-an de februaro 2021.
- Отца директора ФБК Ивана Жданова этапировали в Архангельскую область. *OVD-Info* la 8-an de aprilo 2021.
- Капризный пациент. Как отбывает наказание Навальный. *Rossija-24* la 2-an de aprilo 2021.
- «Отказывается от работы и лечения»: что говорят в колонии о Навальном и условиях его содержания. *RT* la 2-an de aprilo 2021.
- «Всё, крышка. Теперь он долго не протянет». *Diletant* la 13-an de septembro 2018.
- Navalny.com la 14-an de aprilo 2021.

10. Al morna epoko
- Propra intervjuo kun Vladimir Gelman la 22-an de februaro 2021.
- Propra intervjuo kun Olga Kartavceva la 23-an de februaro 2021.
- Bofit Russia statistics.

www.ingramcontent.com/pod-product-compliance
Lightning Source LLC
Chambersburg PA
CBHW031207270326
41931CB00006B/442